体育教练员培养路径研究

王欣一男　石　磊　徐春霞◎著

吉林出版集团股份有限公司
全国百佳图书出版单位

图书在版编目（CIP）数据

体育教练员培养路径研究 / 王欣一男，石磊，徐春霞著. -- 长春：吉林出版集团股份有限公司，2023.10

ISBN 978-7-5581-6308-1

Ⅰ. ①体… Ⅱ. ①王… ②石… ③徐… Ⅲ. ①教练员—人才培养—研究—中国 Ⅳ. ① G812.5

中国国家版本馆 CIP 数据核字 (2023) 第 204943 号

体育教练员培养路径研究

TIYU JIAOLIANYUAN PEIYANG LUJING YANJIU

著　　者　王欣一男　石　磊　徐春霞
责任编辑　赵　萍
封面设计　李　伟
开　　本　710mm × 1000mm　　1/16
字　　数　210 千
印　　张　11.75
版　　次　2024 年 1 月第 1 版
印　　次　2024 年 1 月第 1 次印刷
印　　刷　天津和萱印刷有限公司

出　　版　吉林出版集团股份有限公司
发　　行　吉林出版集团股份有限公司
地　　址　吉林省长春市福祉大路 5788 号
邮　　编　130000
电　　话　0431-81629968
邮　　箱　11915286@qq.com
书　　号　ISBN 978-7-5581-6308-1
定　　价　74.00 元

作者简介

王欣一男 博士，主要研究领域为运动训练理论与实践。主要承担《运动训练学》《教练学》《运动竞赛学》课程的教学工作。参与教育部在线教育研究中心2022“拓金计划”(《运动训练学》)示范课程、《运动训练学》省级本科一流课程、《运动训练学》智慧树在线课程、《运动训练学》山东省教学联盟课程；参与省部级、厅局级课题6项；发表期刊论文5篇。

石磊 博士、副教授、硕士生导师。教育部在线教育2020“拓金计划”《运动训练学》课程负责人、山东省一流本科课程《运动训练学》课程负责人、国家级一流《运动训练学》课程推荐人、“智慧树”在线课程《运动训练学》课程负责人、山东省教育联盟课程《运动训练学》课程负责人、山东省运动训练专业教学团队主要成员。主编或参编教材及著作5部、主持国家体育总局科技攻关重点课题1项、主持或参与省部级课题6项；东京奥科会论文入选4篇、第8—12届全国体育科学大会专题报告7篇；发表论文20余篇，获pct国际专利1项。

徐春霞 硕士，副教授。山东省学校体育协会乒乓球分会副秘书长、山东省青年人才专业研究会常务理事、山东省企业管理研究会理事、山东中西医结合学会健康服务与管理专业委员会常委。主要从事体能训练和体育心理的研究。主编或参与出版著作9部；参与各级科研项目14项；发表学术论文30余篇；在国际及国家学术会议上报告交流11次。

前　言

当今世界，人类创造的文化艺术种类繁多，不胜枚举，体育及其竞技比赛影响之广泛、规模之宏大、意义之深远，已日益成为人们视线的焦点。体育已经融入大众的日常生活中。体育以及竞技体育的蓬勃和兴盛、凸显和壮大，影响着社会、文化、经济和政治的发展。现代社会对体育的需求越来越迫切，体育日益成为人们生活中不可缺少的内容。现代竞技体育虽然还保留着游戏和娱乐的因素，但更多的则表现在对抗性、竞赛性和功利性等方面，其含义已远远超出游戏、娱乐活动本身的价值和意义，成为一种为了最大限度地发挥和提高人体在体能、心理和运动技能等方面的潜力，以取得优异运动成绩为目的而进行的系统运动训练和运动竞赛的活动。组成竞技体育的运动训练和运动竞赛成为非常复杂的系统工程。

在竞技体育的发展过程中，教练员处于竞技体育系统的核心位置，在竞技体育的训练、比赛、管理的全过程中起着主导与关键的作用，其执教能力和水平是竞技体育发展的根本。教练员集计划、组织、决策、控制、创新职能于一身，对运动员的日常生活、思想动态、训练安排、竞赛指导进行全方位的管理，综合协调运动员与外界主客观事物的关系，促进运动员竞技水平不断提高。

本书共九章内容。第一章为教练员概述，分别介绍了教练员的概念、教练员的产生及发展、教练员的主导作用、教练员的职业特征和角色特征以及教练员在现代运动训练中的作用；第二章为教练员的执教基础，主要包括执教理念、专业精神、知识结构和能力结构；第三章为教练员的专业化发展，论述了教练员专业化概念和教练员职业专业化的特征及发展；第四章为教练员的学习发展与领导力提升，详细介绍了教练员的学习与发展、教练员领导力的提升；第五章为教练员的领导行为，内容包括领导行为概述、教练员领导行为的研究、教练员领导行为的影响力和教练员领导行为的方式；第六章为教练员社会资本的构建，涉及教练员的社会网络和教练员的社会支持；第七章为教练员教练技术的培养，介绍了教练员的决策技术、教练员的沟通技术、教练员的激励技术；第八章为教练员责任担当的培育，论述了教练员社会责任的培育、教练员职业认同的塑造以及教练员的国际理解教育；第九章为教练员职业素养，主要包括教练员职业素养的构成和教练员执教风格与特点。

在撰写本书的过程中，本著作共九章内容，王欣一男主要负责第一章、第二章、第四章、第六章的撰写，约 9.7 万字，石磊主要负责第三章、第九章的撰写和统稿核定工作，约 2 万字，徐春霞主要负责第五章、第七章、第八章的撰写，约 9.3 万字。作者得到了许多专家学者的帮助和指导，参考了大量的学术文献，在此表示真诚的感谢。本书内容系统全面，论述条理清晰、深入浅出，但由于作者水平有限，书中难免会有疏漏之处，希望广大同行与读者及时指正。

王欣一男　石磊　徐春霞

2023 年 1 月

目　录

第一章　教练员概述

本章主要内容为教练员概述，分别介绍了教练员的概念、教练员的产生及发展、教练员的主导作用、教练员的职业特征和角色特征、教练员在现代运动训练中的作用。

第一节　教练员的概念

“教”指教导、教育、教学；“练”为练习、训练之意。“教练员”即指导、训练他人掌握某种技术的人员，这就意味着教练员本身要对所指导的专项技术精通、熟练。

《现代汉语词典》对“训练”的解释是：“有计划有步骤地使具有某种特长或技能”。而对“教练”的解释则有两个：一个是动词，指“训练别人使掌握某种技术或动作”；另一个是名词，是“从事上述工作的人员”。这说明“训练”是一种活动、一个过程，而“教练”不只是一种活动、一个过程，它还代表一类人——教练员。

“教练员”一词最早是由英文“coach”翻译而来。“coach”在英文里是马车的意思，马车不能告诉乘车人去哪里，但乘车人（被教练者）可以告诉马车你要去哪里，马车可以帮助乘车人到那里。也就是说，教练不会告诉被教练者去哪里，教练的作用是促使被教练者达成目的。

第二节 教练员的产生及发展

一、教练员的产生

（一）生产劳动与教练员的产生

教练员是伴随运动训练的出现而产生的。运动训练的出现可以追溯到原始社会时期。根据现有的资料推测，在物质生产实践过程中，原始人积累了越来越多的经验，并认识到他们的生存取决于自己同被追击的猎物之间在速度、耐力、力量等各种身体素质方面比较的最后结果。于是，他们在继续进行必不可少的劳动活动的同时，也开始有意识地对自己上述身体素质进行培养。

（二）军事活动与教练员的产生

到了原始社会末期，由于部落间频繁的武装冲突，为了增强社会成员的作战能力，加强内部团结，青年人广泛开展了竞技运动。青年人被组织起来，接受运动技术的传授。这些教育活动的承担者，可以说就是教练员的前身，他们的活动是教练职业的雏形。

（三）宗教活动与教练员产生

有证据表明教练员在公元前1600年就已经存在了。现代运动训练的雏形是在古希腊时期确立起来的，公元前5世纪，竞技运动已经成为希腊人生活中重要的一部分。为了在奥林匹克运动会上竞争，很多运动员开始进行正规的运动训练。进行训练的运动员有相当于现在教练员的教师指导他们学习、掌握竞技运动的技能与技术，进行身体训练，以保持良好的身体素质和竞技能力。资料显示，当时的教练员就在利用热水浴、冷水浴、按摩、药物放松等办法帮助运动员提高运动能力。当时的教练员有一个显著特征，即普遍学识渊博，通晓天文、地理、医学、哲学等多学科知识，是典型的多才多艺的职业能手。

到了古罗马时期，竞技运动中的教练工作得到了发展，130—200年，出现了正式的教练员。有一位名叫盖伦的人是第一位被称为教练员的人，他是一位医生，对人体不同部位进行过大量而深入的研究，尤其对人体运动进行了研究，他的主要贡献在于对人体肌肉的研究，他的一些研究结果被一直沿用至今。

从盖伦所处时代一直到 19 世纪的 1000 多年，是运动训练中教练工作的空白期，关于教练工作的情况没有任何文献记载。

（四）现代竞技运动发展与专业教练的产生

现代的教练员是随着近代竞技运动的出现而出现的。有组织的近代竞技运动出现于 19 世纪末，是随着美国大中型学校校际竞技制度的建立而开展起来的。教练员的出现要晚于运动员，例如足球运动中，原本是没有教练的，只是随着足球运动的发展，教练员慢慢从球员中分离出来，形成了一种专门的职业。在足球运动诞生之初，尚没有“教练员”这一说法。以后一些足球队为了提高球队的技战术水平和竞争力，增设“训练人员”一职，这种“训练人员”就是今天我们看到的教练员的雏形。

后来，有无教练员几乎成了职业足球与业余足球的分界线。那些把足球运动当作业余爱好的贵族强烈反对设立教练职务，当业余球员们听说有的球队专门抽出时间来准备比赛时，他们表达了强烈的不满和愤怒。在 20 世纪 60 年代，一切渐渐发生了变化，由于教练的作用日益显著，教练慢慢得到了更多的尊重。当阿尔夫·拉姆齐率领英格兰队于 1966 年在温布利体育场赢得世界杯时，教练终于得到了人们的承认。

教练员主要在很多国家的职业体育俱乐部、学校的体育系统以及业余俱乐部中开展工作。早期，教练员尽管已经产生并存在，但一直没有被社会认为是一种职业，因而没有专门的教练员培养机构和人才素质标准，一般都是由原来的运动员充当教练员。

二、教练员的角色

（一）教练员角色的演变

1. 陪练

在运动训练及发展的很长一段时期里，教练员由原来的运动员担任。他们知识有限，对于训练从理论上讲不出什么道理，只是在运动技术方面充当运动员的“陪练”的角色。

2. 训练员

训练员会要求运动员对教练员绝对服从，运动员必须完成教练员所规定的一切训练任务。

3. 教练员

教练员具有教育、训练两种含义，他不是为训练而训练，而是在训练中给予运动员知识、道德教育，在教育中促进运动员身心全面发展。

作为教练员，不是采取强迫手段驱使运动员，而是循循善诱，引导运动员去追求身心的健康发展和竞技成绩的稳步提升。和其他角色相比，教练员执教的特征是专业训练有素，懂得教育和训练的原理，有事业的追求。

（二）教练员承担的角色类型

一个教练员要承担的角色是多方面的，其扮演着教师、领导、组织者和顾问的角色。

1. 教师角色

教练员要向运动员传授体育运动的知识，帮助他们提高健康和运动技术水平，发展他们的心理，以适应竞技运动的需要。作为教育者，教练员要对运动员的发展作出正确的决定，必须为运动员选择最合理的目标，激励、帮助运动员实现目标。

2. 领导者的角色

教练员应是一个运动团队组织（球队）的领导者，必须发挥自身的领导才能，带领整个团队向更好的方向发展，并随时解决好团队中出现的问题，为团队的发展指明方向。

3. 组织者角色

教练员必须对训练和生活进行详细的规划与安排，实施好这些活动，并对运动员作出正确的评价。

4. 顾问角色

教练员要善于倾听，并尽可能多地给运动员提供正确的指导。教练员还要了解与工作有关的政策和程序，明确教练员工作的职责范围。每个运动员都有自己参加竞技体育的理由，因此，作为教练员很重要的责任就是理解运动员，能够辨别运动员的需要，并能够满足他们的需要。

三、教练员职业的发展

教练员作为一种职业产生于20世纪五六十年代的东欧国家。因为政治、经济、社会等原因，东欧各国给予竞技体育以极大的重视。为了推动竞技运动水平的提高，国家制订计划，负责教练员的培养，取得了举世瞩目的成就。

东欧国家的做法逐渐引起其他国家的注意，其他国家也逐步开始重视对教练员的培养。教练员工作正在向一种职业发展，其特殊标志是：形成了知识体系、成为专业性的实践活动、具有特殊的职业技能、形成了职业层次结构、形成了道德与行业规则、有任职选拔条件、有业绩评价标准、建立了行业组织。

（一）从职业运动员中聘任教练员

体育运动从劳动生产中分化出来，成为独立发展的社会现象，并以特殊的方式服务于社会发展。在西方，公元前5世纪，古希腊“竞技术”的产生标志着原始的体育方式已蜕化成受宗教或军事斗争制约，并以竞赛为目的的竞技运动。奥林匹亚竞技场上的竞争与决斗，促使一些体格健壮的人们愿意充当能显示自己体格和体能，并以战胜对手取得胜利为荣的竞技运动员。运动逐步向职业化的方向发展。从那时候起，在相当长的一段历史时期内，从事竞技运动训练的教授者，大都是在某项竞技运动中成绩优异的职业选手，他们以自己运动实践中的经验和体会，指导和训练其他受训练者，使他们的体格和体能得到发展，并使这些受训练者掌握该项目的运动技术，以便在竞赛中获得胜利。

到了中世纪，竞技运动的发展出现了衰退的趋势，这期间的竞技运动虽然也作为当时社会宗教祭祀盛事中的一个重要内容，客观上也起到了娱乐的作用，但活动中却充满了残忍的色彩，常常遭到社会上有识之士的谴责，竞技运动丧失了本身的意义。加之那些从事竞技运动的训练者，没有一定的文化修养，而仅凭自己在某项运动中的技术特长，作为生活的依靠，因此被视为社会的下层阶级。1882年，美国哈佛大学首先废除了聘请职业运动员作为教练员的做法，原因是他们没有受过教育，精神和情操不高，达不到高等教育教师的水准。从中世纪到19世纪后期，在这相当长的历史时期内，竞技运动训练的承担者大都是职业运动员，虽然他们在19世纪后期退出了历史舞台，但是他们的出现却大大推动了竞技运动的发展。

（二）从专业体育教师中招聘兼职教练员

随着社会的发展，从职业运动员中聘任教练员的做法已成历史，人们渐渐地把竞技运动训练的承担者移植到体育教师的身上。很显然，19世纪中后期的专业体育教师均是受过正规培训的，他们不仅掌握着一定的竞技能力和技巧，而且具备一定的文化修养，因此更能得到社会的承认和尊敬。体育教师最早有组织的培训始于19世纪早期，1804年丹麦创设了近代世界上最早的“体育师范学校”，但当时与军事制度密切相关，是以训练和培养陆海军人为目的。而到了1808年，又创设了世界上最早的以培养体操教师为目的的普通体操学院。1814年在瑞典的斯德哥尔摩也有了类似的发展，政府建立了皇家中央体操学院。之后，很多国家和地区都有了相应的发展。在19世纪上半叶，世界各国不同名目的体操学校（院），主要是以培养军事教员为目的，直到19世纪末，体育教师的培训才开始从军队的支配中脱离出来，朝着教育学府的方向发展，如1871年维也纳大学体育学院的成立，就表明了这一发展趋势。我国在20世纪初逐渐有了体育专科学校，如大通师范体育专修科、云南体操专修科、中国体操学校。从19世纪中叶起，体育教师作为竞技运动训练的承担者，代替了从职业运动员中聘请的教练员，这种做法在世界范围被广泛运用。就是在竞技运动高速发展的今天，仍有不少国家的体育教育工作者，在教练方面扮演重要的角色。20世纪30年代以来，随着竞技运动的高速发展，以体育教师兼职教练工作已不能满足职业运动训练迅速发展和技术水平不断提高的要求，教练员成为一个独立的社会职业，已成为竞技运动发展中不可忽视的重要内容。

（三）在专业院校中培养教练员

职业运动的迅速崛起和在世界范围内大规模的发展，显然是产生教练员职业的一个主要因素，而教练员职业的产生与发展也同时引起了专门培养教练员的学校的产生和发展。在20世纪初，许多国家把以前的运动员稍做培训或根本不进行正规培养便任命为教练。而进入20世纪50年代，随着教练员的教育日趋正规化和科学化，世界各国为培养教练员的独立学校和体育学院不断建立，同时不同国家的政府和社会组织一方面提高教练员职业素质和文化水平，另一方面颁布各项法令，诸如不通过正规化的培训和统一的考核不能取得合法教练员的资格，并实施教练员职业的注册和统一教练员的考核标准以及教练员等级晋升制度等，从宏观上保证了教练员的培训质量和执教水平。

目前，国际上对教练员的培训方法大致可分为三类：

一是以德国和其他西欧国家为代表的，以各级体育组织和协会组织领导的业余教育为主，在此基础上通过教练员专业学校培养而成为高级教练员。

二是以美国为代表的，通过高等体育学院、系的培养教育，由各体育协会或联合会组织统一考核，颁发教练员证书，以取得法律上的承认。

三是以苏联和东欧国家为代表的，以体育学院为培训中心，结合中等专科教育和函授教育形成一个较完整的培训体系。进入20世纪70年代，国际上不少国家在对待教练员的培训问题上，除设立专门机构、指导和研究教练员的培训工作以及制订统一的培训大纲、内容和培训时间外，突出表现出对教练员的培养与教育已由中等专科教育向高等教育发展。就其培训内容而言，在对运动训练理论的横向和纵向领域深化的同时，加强了与运动训练密切相关的边缘学科知识的教育和技能培养，以适应现代竞技运动高速发展的需求。

四、教练员执教方式的发展

过去有一种观念，就是优秀运动员就能当好一名教练员。这种观念暗含着运动训练只需要有经验而无须具有科学理论知识的认识。这种认识在现代科学训练的大潮中已被抛弃。现代科学执教活动要求教练员不仅要具有一定的运动经历和水平，而且要具有必要的科学理论知识。在近代运动训练发展过程中，教练员在执教过程中采用的训练或教练方式表现出经验执教和科学执教两种形式。

（一）经验执教

经验执教主要指教练员根据个人经验或模仿优秀运动员进行训练指导。在整个19世纪，教练员对运动员的指导就是这样的状况。以经验为主指导运动员训练时，大多数教练认为运动时间越长越好，有时运动员为了提高运动成绩，经常每周参加两次比赛，三次训练，而且每次训练长达3～5小时。

多数项目中的教练员一般都是年龄偏大、运动技术较优秀的运动员，他们缺乏与人体的有关知识，如生理、解剖等，在运动训练中，主要以自己所具有的高超的运动技术充当运动员的“陪练”，还不是具有现代意义的、掌握了训练原则和方法的教练员。

当时有人针对这种情况指出，赛马项目中的饲养员尚需要动物生理知识，而训练人的教练员却不需有关人的各类知识是很不合理的。

（二）科学执教

从20世纪初开始，科学界逐渐把触角伸到运动训练领域，开展人体科学研究，其研究成果对教练员的执教活动产生了很大的影响，提高了教练员们对科学技术提高运动员竞技能力作用的认识：要获得优异的运动成绩，不能仅凭个人经验，也不能靠处处模仿别人，更不能让运动员一味蛮干，必须运用科学技术和理论知识进行科学训练。

教练员在运动团队的地位作用发生了变化，他们摆脱了仅仅作为运动员的“陪练”的角色，而成为训练过程的规划者和设计者。

（三）科学执教演进史

一般认为，科学训练的产生是与现代科学大量运用于运动训练紧密相关的。科学与运动训练关系的演变与发展过程可以分为三个阶段。

1. 与医学初步联姻的古代运动训练

研究人员对运动训练的历史进行了深入的研究，结果发现，早在原始时代就已经出现了运动训练的雏形。随着物质生产实践的不断深入，原始人逐渐积累了更多的经验，从而深刻认识到，他们能否获得满足生存和繁衍需要的食物取决于他们同被追击猎物之间身体素质方面竞争的最后结果，如奔跑是否比被追击猎物跑得更快，是否比被追击猎物有着更好的耐力素质、力量素质等。为了能够获取更多的食物，他们不仅高度重视劳动教育，同时开始有意识地进行身体素质的培养，以提升自身的健康水平。

古希腊时期，运动训练得到了巨大的提升，当时的许多教练精通天文、地理、医学和哲学等多个领域。他们会根据自己对自然现象和人体结构的观察，总结出一些规律和经验，并将之运用到运动训练中。根据有关历史资料记载，希罗德库斯医生是当时最为著名的教练员，他精通医术和体育方面的科学知识，为运动训练的发展作出了卓越的贡献。可以推断，早在公元前5世纪，人们就认识到人体各部分之间相互联系的原理，为了提高身体素质，将医学知识应用到运动训练中。当然，当时的医学尚处于前科学阶段，与现代意义上的科学还有不小的差距。随着时代的进步，医学逐渐由前科学向科学阶段演进，医学对于运动训练的助益也日益显著。古罗马时期，盖伦以其卓越的医术和对人体运动系统的深入研究而得到了当时人的赞颂，并被后人称为“史上第一位教练员”。

鉴于所掌握的资料有限，我们无法对古代运动训练与医学之间的相互关系进行更加详尽的描述和阐释。有些学者认为，由于生产力水平低下，古代医学发展缓慢，其中残酷的战争、紧急事件以及处于统治阶层的生命逼迫则是古代医学不断发展的原动力。对于体育训练，医学领域的干预措施相对较为匮乏。因此，我们无法就医学知识应用于体育领域的内容进行准确的描述。然而，有确凿的证据表明，古代的运动训练与医学之间存在着紧密的联系，这一点不容忽视。

2. 向科学训练过渡的近代运动训练

在19世纪末至两次世界大战之间的数十年里，运动训练与医学、生理学、心理学等学科紧密交织，成功实现了从近代运动训练向现代科学训练的转型。在此期间，众多的专家学者将目光聚焦到人体运动领域，掀起了两次对人体运动能力研究的热潮。尽管这两次研究热潮都以人体运动能力为研究对象，但是两次的研究方向却是截然不同。

（1）19世纪80年代，研究人的竞技能力的热潮开始兴起。这一时期，竞技运动尚未进入广大人民群众的文化生活，科学工作者对运动员的竞技能力开展广泛而深入的研究，其目的是探索人体生理和心理的奥秘，通过搜集运动员竞技能力各方面的资料，为生理学、生物学研究提供科学依据。科学研究本身并不关注该研究是否有助于运动员提升运动能力。科学家们主要关注的是自然规律对人体功能的支配作用，因此他们没有意识地把科学运用于提高运动员的运动能力，同时部分研究人员对竞技运动挖掘人体潜力的行为持否定态度。如希尔，他是一位杰出的生理学家，曾在研究人体肌肉运动能力方面作出卓越的贡献，他坚信那些拥有高度竞技能力的运动员所具有的运动能力是上天赋予的宝贵财富，并不需要进行任何的培养和提高。然而，他提出的肌肉运动理论被视为运动训练进入科学培养运动员阶段的重要里程碑，为运动训练的发展奠定了坚实的基础。

（2）20世纪20年代至30年代之间爆发了两次世界大战，第二轮对人体运动能力研究的热潮由此开启。以往的科学家通过多种方法对于运动员的运动能力进行测量、评价，将得到的数据作为生理学研究的基础，以满足科学研究的需要。这个阶段，科学家的研究重点转变为如何运用科学的方法挖掘运动员的潜能，从而取得更加优异的运动成绩。由于研究方向的转变，体育科学的各门学科获得了发展机遇，逐渐成为独立的学科。特别是在第一次世界大战之后，多门体育学科应运而生。以运动医学学科为例，该学科的历史可追溯到1928年，最初研究人员运用医学领域的知识研究运动员竞技能力，旨在探索人体运动的自然规律。随着时代的发展和社会历史的演进，科学研究的目的已经发生了转变，竞技运动不再像18世纪、19世纪那样自发地进行，而是开始在美国、英国等国家的社会生活中成为主流的大众娱乐活动。

科学的介入为竞技运动的发展奠定了坚实的基础，也将科学与竞技运动紧密联系在了一起，这一点的重要性不言而喻。这种联系引发了人们对于运动训练的理念和认知的转变，进而对运动训练实践产生了深远的影响。然而，运动训练实践向科学训练方向转变是一项长期而艰巨的任务，因为在这一时期，竞技运动的主要推动力仍然来自教练员对运动技术和器材的不断改进，运动员参加竞技运动的最重要因素仍是该运动员的运动天赋，而教练员对运动员的指导也主要依赖于其丰富的经验。

3. 向科学训练转变的现代运动训练

自20世纪五六十年代以来，各门学科都在积极探索提高运动员竞技运动能力的方法，从而形成了一种跨学科的研究格局。特别是第二次世界大战结束后，由于科学技术突飞猛进地发展和体育科学的迅速崛起，现代体育运动水平有了很大提高。对于教练工作而言，运动训练学的创立是一个具有划时代意义的重要里程碑。从此，运动训练得以建立起一套独具特色的科学理论框架。

随着多年的运动训练实践和科学研究的不断深入，人们逐渐认识到，运动员在竞技场上的胜负越来越依赖于教练员的智力水平，而这种智力水平则取决于所采用的训练方法的先进性和科学性。人们对于竞技体育和运动训练有了新的认识，即竞技运动蕴含体力和智力双重属性，其中体力是竞技运动的结果，智力是竞技运动的灵魂，运动员运动成绩的提高不仅有赖于运动员在训练中的艰苦的体力投入，还有赖于教练员和科技人员的智力投入。在科学训练中，智力的投入是至关重要的一个方面。

（四）科学执教的途径

1. 教练组织设计下的各方合作

之所以迫切需要进行科学训练，是因为在当代越来越激烈的运动竞赛中，仅仅按照师徒相传的经验训练方式进行训练的效果，远远不如广泛地运用现代科学技术成果指导训练的效果。由于科学训练的本质特征是运用科学理论，科学训练的途径就涉及如何运用科学理论于运动训练实践以及由谁来运用的问题。科学训练的实施绝非仅仅是教练员的事，只有在教练员、运动员、领导、运动医生、科研人员和理论工作者通力合作下才能实现。但是运动训练的直接组织者是教练员，因此，教练员具有最为重要的作用，其他人的意图最终都要通过教练员来得到贯彻。

2. 运用知识创造训练方法

科学训练的具体实施要经过 3 个环节：第一，引进和创造先进的科学知识和技术；第二，传播、消化和吸收这些科学知识、技术；第三，将已掌握的科学知识和技术创造性应用到日常训练和比赛中去。

以上环节中，教练员应当积极学习运动训练领域的前沿成果，掌握先进的科学知识，借鉴优秀运动员运动训练的经验，并结合运动员自身的情况巧妙地融入具体的训练中，以达到创造性的效果。也就是说，教练员需要运用理论知识和创意，来研究和开发新的训练方式，这是他们工作中的一项重要任务。20 世纪 50 年代初，德国人 W. 格施勒将生理学科中的有关理论应用到长跑训练中，开创了长跑训练方法的科学理论先河，为了提高运动员的竞技能力，他与心脏学家开展合作，在大量研究的基础上提出了间歇训练理论。该理论指出，训练时，当心率达到每分钟 170～180 次时就应该暂停训练进行休息；间歇时，心率恢复到每分钟 100～125 次，再次重复训练。这种方法可以显著增强心脏泵血功能，后人称之为“格施勒—赖因德尔”定律，并因此创立了间歇训练法。伴随着间歇训练方法的创造和应用，格施勒成为当时全球最成功的教练之一。该方法在体育科研领域也有广泛推广价值。在训练过程中，负荷量和强度都不是随意确定的，而是要参考科学理论，遵循训练原则。按照规定，运动员的心率应达到每分钟 170～180 次，这一强度可以促进运动员在运动后 10 秒至 30 秒之间的心搏量增加，从而有效提高心脏功能并促进有氧能力的发展。如果心率过低，则每分钟流出的心血量会减少；反之，如果心率过高，则心舒张期充盈不足，也会导致心输出量下降，从而影响训练效果。练习时的时间和距离应该控制在一定范围内，一次练习距离以 50～200 米为宜，或者一次练习时间以 50 秒～2 分钟为宜。如果练习距离或时间太长，会使练习强度下降，从而影响心脏功能的提升。运动员在间歇期间的心率应保持在每分钟 120～140 次，这样可以使他们摄取更多的氧气，在整个训练期间保持较高的摄氧量和心搏量，并且对呼吸和心血管系统产生不断的刺激。

因此，对于教练员而言，如何运用科学理论知识创新训练方法是当前急需解决的重要问题，这需要教练员树立终身学习的理念，不断学习先进观念，提升自身的学习能力和创造能力。

（五）传统经验执教与科学执教的关系

传统的经验执教和科学执教之间有着相互作用又存在着差异的复杂关系。区别是基于联系而产生的，而这种联系也成为科学训练取代经验训练的决定性因素。经验训练和科学训练之间的联系主要在于它们所涉及的知识基础之间的紧密关系。自然界的真相和规律并非先天就被人类所知晓，而是由人们依靠理性思维所得出的结论。科学认知始于经验知识，但其成果则是对经验的归纳和总结，从而形成的一套理论知识。由此而言，科学理论知识不仅仅是经验的延伸，更是超越经验而存在的普适规律。科学理论知识与经验知识的根本区别，在于前者超越了个人经历的范畴，与个人的具体经验无关，而后者则因个人经历不同而存在差异。运动训练的成功离不开科学理论知识的广泛应用和指导。由于科学理论和经验知识的差异，科学训练和经验训练在选择和应用训练方法方面存在差异：

（1）经验训练主要采用类比的方法，即当训练问题与过去经历的类似问题相同时，从记忆中提取相应的方法进行训练。鉴于运动员的个体复杂性以及个体差异，经验类比只能根据有限的情况和条件进行训练方法的确定。在未考虑到新情况和条件的情况下，以往基于经验知识的训练方法可能无法发挥其作用，甚至可能适得其反。因此，通过经验训练所得到的训练结果是具有一定的随机性的，这是由于经验中所选择和应用的类比方法和训练方式不同所致。

（2）在训练方法的选择方面，科学执教与其他方式不同，它是基于对各门科学学科理论和科学仪器进行深入分析和诊断进行的。使用科学理论和设备进行具体训练问题的分析，相较于依靠经验训练，能更准确地分析各种因素和条件，减少主观臆测的成分，使分析更加符合实际情况。运用科学理论知识进行精准选择的训练方法，旨在通过最优化的训练方式，有效掌控运动员竞技能力的发展方向和水平。根据迪尔曼所述，综合多个学科理论知识可以帮助我们全面了解运动员，从而提高教练技术水平。他认为全面了解问题的目的在于减少猜测和不确定性，他曾表示“我们应当用工程师设计桥梁的方式设计运动成绩”。在经验训练过程中，由于人类感官的局限性，很难对训练问题进行精确的分析，因此在分析过程中不可避免会存在许多不确定性。这正是需要通过科技训练来消除的问题。

（3）在适用范围方面，经验执教与科学执教之间的差异显而易见。这一点已为许多教练员所认识和接受。随着运动员竞技能力水平的不断提升，经验训练已逐渐失去适用性，科学训练的重要性日益凸显。中国田径队前总教练阚福林曾指出，科学化是竞技体育发展的必经之路，科学不仅是训练过程中的先锋，也是训练的后盾。在当下科技飞速发展的时代，我们的训练已经不可避免地与科技密不可分。如果我们仍然沿用以往基于经验的训练方法，想要提高运动成绩将会面临很大的挑战。就整体而言，科学训练具备的适应能力比经验训练更广。

当运动员的运动技术达到一定水平时，教练只凭肉眼观察和经验难以准确判断训练中所要解决的问题。此时需要运用专业的科学知识和技术手段对运动员进行诊断以确保准确性，这个过程被称作“诊断”。在运动训练中，要评估运动员的问题通常需要经过两个步骤：首先，运用科学仪器对运动员进行检查测试，所检测的指标通常与某一具体学科领域密切相关；其次，运用相应的科学理论对检测结果进行深入分析，并作出详尽的解释和说明，以确定问题的具体性质。如果没有正确的方法来对这些现象作出合理的解释，那么就很难得出一个确切、明确的结论。因此，在运动训练中运用科学理论解决问题，首要任务是发掘潜在问题的本质。如果不能正确地找到问题并加以研究，就会影响运动员的训练效果，甚至造成更大的损失。在这一领域，美国奥林匹克训练中心所从事的工作为人们提供了有益的启示。麦金尼是一位来自美国的射箭选手，曾在此训练中心接受训练，旨在运用现代科技手段提升其运动成绩。为了探究他在训练过程中所遇到的具体问题，训练中心首先对他的动作技术进行了生物力学测试和分析，以评估其身体的稳定性、瞄准动作和弓箭的使用情况。测试结果表明，麦金尼的臂力不足，导致动作不够稳定。即使他的手臂只颤动 1 毫米，射出的箭距离 90 米远的箭靶的中心点就会偏离 9 厘米。这类问题无法凭借肉眼判断，需要借助其他工具或方法来解决。

教练员的经验不仅在发现运动员问题上不适用，在运用训练方法方面也可能不适用。包括特鲁普在内的众多美国学者以一名游泳运动员为研究对象，他们运用耗氧量和血乳酸理论，为该游泳运动员找到了成绩下降的原因，并设计出了特定的训练方法，帮助该运动员的竞技能力恢复稳定并提升了表现水平。该游泳运动员当时的实际情况是他的训练负荷已经达到了最高水平，但是他的运动成绩却陷入了停滞，甚至倒退了。一开始，该运动员及其教练员对所设计的训练量感到困惑，因为新的训练方法对训练负荷量和训练速度的要求均低于该运动员以前的训练水平。在运动员和教练员看来，训练负荷量与运动能力成正比，运动负荷量越大，运动能力也会越高，他们通常采用增加训练量这种简单的方法来提高训练效率。但是这种方法与他们过去的训练理念不同。然而，运用新的训练技巧让他们惊讶地发现，其训练成果有了长足的进步，运动员的运动表现也有了显著的提高。

尽管科学技术在运动训练中扮演着独立而重要的角色，而科学理论则成为运动训练的重要知识基础，教练员所拥有的训练经验并未被完全摒弃。在科学训练中，尽管训练经验作为一种要素投入仍然存在，但它并未像科学技术那样成为独立的力量，而是依附于科学理论。在运用科学理论的过程中，训练经验扮演着不可或缺的角色，其价值不可替代。经验在科学训练中起着双重的作用，它既有积极的一面，又有消极的方面；既可以作为一种手段来使用，又可能成为阻碍因素。人们的态度决定了如何最大限度地发挥其积极作用并减少其消极影响。最科学的态度就是辩证的态度：一方面，人们应该认识到训练经验是过去训练活动的结晶。

由于历史的紧密联系，它们为新的训练活动提供了有益的启示，同时也是运动训练不断发展的基石。另一方面，也要看到经验是对已知事物和领域的总结，而科学训练活动则更多涉及未知的事物和领域，科学训练活动必须在经验的基础上，进行突破和创新。随着时间的推移，先前积累的经验已经逐渐失去了适用性，这就要求人们在使用这些经验时要采取批判和质疑的态度。唯有如此，经验才会对科学训练产生积极的影响。

第三节　教练员的主导作用

一、教练员是组织者和管理者

教练员是运动训练的直接组织者和管理者，承担着培训运动员的重要任务，对促进运动员的全面发展、提高运动员的运动技术水平、实现运动团队的目标起着主导作用。教练工作就是要帮助运动员生理的、心理的和社会的能力得到最大限度的发展，发掘他们的最大潜力。这个帮助过程取决于教练员具备的使运动员发展这些能力的技能技巧，它是一种指导性而不是强制性的改变。

教练员的主要任务是促进运动员全面发展，提高竞技能力，争取创造优异运动成绩。从运动员选材、培养，到取得运动成绩，是一个复杂的、长时间的过程，在这个过程中，教练员起主控作用，处于支配地位。教练员的任务包括照料、咨询、评判、引导以及在运动员教育和心理方面施加影响，帮助运动员在比赛中发挥竞技水平。教练员对运动员的影响是全面而又深刻的，其水平高低在很大程度上决定着运动员能否成才。教练员在竞技体育项目的发展、建设和提高过程中起着决定性作用，运动员运动成绩在很大程度上取决于教练员的执教水平。

随着社会的发展，现代运动训练日趋系统化、规范化，对于教练员提出了更高的要求，即教练员不仅要掌握专项运动的理论知识，具有较高的技术水平，还要掌握先进的教学和训练方法，怀揣推动运动项目发展、培养杰出人才的远大志向，对运动员的思想、身体、技术、战术和道德品质等方面承担全面责任。对于一名优秀的教练员而言，塑造队伍是其最重要的任务，要激发和发掘每个队员的潜能，培养一支勇于挑战和能够战胜对手的队伍。教练员在运动员科学训练的过程中发挥着至关重要的作用，包括向运动员传授运动技术，根据不同对手制定相应的战术，运用科学的训练方法提升运动员的体能，引导他们调整心理状态，做好赛前状态调控等。除此之外，教练员还承担着做好运动员科学管理的责任，包括提升运动员的思想品质，确保运动员的心理健康等。使运动员在运动竞赛中保持良好的状态，创造出优异的成绩，这是竞技体育追求的目标，也是每一位教练员的基本职责。

运动训练是一项涉及人的身体和心理的全面改造的工作，其目的是提升个体的身体素质和心理素质。同其他生物相比，人类是更为复杂的生命体，主要体现在以下两方面：首先，人的身体方面具有复杂性，如人的身体结构更为复杂，身体的成长过程也难以预料；其次，人具有其他动物所不具有的社会性，其思维和心理活动的具有高度复杂性，同时人的发展同社会生活、社会关系息息相关，而社会生活和社会关系处于不同发展变化中，这就导致运动训练时刻受到各种因素的影响。运动训练是一项高度复杂且具有挑战性的系统性工程，以生活在社会生活中、具有独特个性的人为对象，运用多种方法对人进行从内部到外部、从身体到思想的全方位改造和加工。

教练员作为特殊的从业者，承担着塑造人的重任，他们的工作主要体现在人的综合表现上。因此，教练员的工作具有鲜明的职业属性和与众不同的特质。运动员是一个复杂的有机体，具有与他人完全不同的鲜明特性，他们的身体状态、技术水平、心理等都处于不断变化中，同时竞赛对手也是一个思维和身体都在不断变化的运动员。训练条件也并不是一成不变的，而是随时随地发生变更，政策、运动队管理措施、家庭因素等社会作用也会对运动训练产生直接或间接的影响。面对复杂多变的训练活动，教练员要具备良好的心理素质，采用灵活变通的方式，随机应变。因此，教练员执教具有极强的个体性和可变性。

当今时代，高水平的运动训练已经演变成一个复杂的系统，其中涉及多个因素、多个层次，科学技术、管理、决策等诸多因素不断地渗透到训练过程中，从多个角度对运动训练的发展产生影响的规律，从而使训练水平不断提高。这些因素的落实离不开教练员的支持，这就要求教练员积极学习体育相关学科的先进知识，结合已有的训练经验，对涉及运动员的所有因素进行批判性分析，探究它们之间的相互作用和影响，从而作出准确的判断并找到解决问题的方法，提高训练科学化程度。现代教练员的职责和工作任务异常复杂，其内涵日益丰富，外延也不断扩张，已经不再是早期运动训练中简单地指导运动员训练和参赛。

现代训练需要给予运动员更多的挑战和更高的要求，从身体、精神、技术、战术、情感上进行准备，而不能单一地只是准备技术或身体素质。现代训练是多维度的，获胜不仅来自良好的训练、优异的技能，还来自态度、恢复、健身、睡眠、旅行、营养等方面的良好状态。成功的教练应努力建设运动队的优秀文化，以创设利于获胜的环境。例如，优秀教练员要确保每一位运动员学会购买或选择正确的食物，以及如何获得更好的睡眠，如何计划和安排时间以使非训练活动有利于训练，如何针对不同的运动员使训练手段和方法更有实效，而不是所有的运动员都用同一种方法。教练员改变人们的生活，鼓励人们发挥自身最佳能力，通过创造有利环境为人们发掘自身潜力提供机会。在体育科学领域，训练要基于事实、调查、有效和可靠的测量、准确的证据来安排，而在执教行为领域重要的是结果、行为、沟通、本能和感觉——这是执教艺术。成功的教练员理解成功是一个变化的目标，必须保持终身学习、诚实做人、持续发展，必须成为优秀的管理者和组织者。

二、教练员是运动竞赛的指挥者

体育竞技比赛是运动员运用体能、技术、智慧、心理、意志品质等因素，在规则允许的范围内进行竞技以决胜负高低的对抗性活动。而教练员则是指挥、引导运动员充分发挥其能力的重要因素，是运动员个体之外最主要和最重要的协助者，帮助运动员充分发挥其潜力。教练员的成功取决于运动员的成功，只有培养出高水平的运动员，人们才会承认教练员的水平和能力，这就决定了教练员的成就来自他人的表现。但是运动员在场上的表现是通过教练员的指挥和调控来实现的，如果教练员指挥得当，让运动员能充分发挥自身能力，则他人的成绩就会通过教练员的指挥表现出来。反之，如果教练员指挥不力，则有潜力的运动员也可能难以取得优异成绩，教练员的主导作用就没有得以体现。

三、教练员承担着传递优秀体育文化的责任

体育文化是人类本身需求的特殊反映，是人类在体育生活和体育实践中创造

出来的，通过有形的身体形态、动作技能、运动器材、物质以及无形的与社会属性相关的意志、观念、时代精神反映出来，显现了体育文化的特色。

教练员不仅是体育知识的传授者、集体的领导者，也是优秀体育文化的传递者。教练员对其执教的体育项目具有非常深刻的理解，对体育项目的历史、竞赛方法的改革等方面具有独到的见解。在运动员日常的训练中，教练员会把该体育项目的文化知识融入其中，并能够概括这个项目的一般特点和发展规律。而对一些发展缓慢且举步维艰的民族民间体育项目来讲，教练员是这个项目的集大成者，也是为数不多的专家。因此，保护体育文化的传承更是教练员义不容辞的责任和义务。

四、教练员与体育教师的比较

（一）教练员也是老师

教练员首先是老师。学校里的教练员大多数承担体育教学工作，本身就是教师，是教师教练员，但是也有少数教练员不是体育教师。无论教练员自己是否是教师，其职业责任表明教练员就是教育者、是老师，对运动员的教育有着积极的、持久的影响。教练员需要现身说法，身正为范，希望运动员具备的品质，自己必须要身体力行。要成为一个真正的教练员，必须具备尊严、风度、能力，才能获得运动员的尊重。当比赛处于非常紧张的状态时，仍能很平静地指导队员，决不因为小错误、小失误指责队员；决不埋怨裁判，而是尊重裁判；比赛结束后，无论是赢是输，总是向对方教练和队员表示祝贺。把队员看作是学生，关心他们的身心发展，这些人才是真正的教练、真正的老师。

教练员教育和引导运动员对训练、比赛、生活和为人处世保持正确态度、热情，教练员是引导和支持他人去实现愿望的人，这不是说给予他人以答案或忠告，也不只是教授或领导，它意味着教练作为伙伴去发现运动员所想并帮助运动员实现它。教练员在教育自己队员的过程中，不仅要让队员为自己的进步高兴，还要为同伴的进步高兴。

（二）教练员不是老师

体育教师面向所有学生，有些学生的体育技能、身体素质和有运动天赋的学生比起来要差得多，体育教师要教授所有学生体育知识、体育技术、技能，提高他们的体质和健康水平。目标总是让大多数学生达到基准的水平，让大多数孩子通过考试。而教练员教授的是有体育天赋的学生，是让这些学生取得好的运动成绩。教练员往往关注最好的运动员。两者的主要目标不同，教练员不像体育老师要考虑所有的事情，教练员的目标是考虑运动员的特点并发掘他们的天赋，减少他们的弱点。运动员和教练员在一起的时间要远远多于体育教师和学生在一起的时间，因此，运动员感觉从教练员那里学到的东西远多于体育教师，对教练员的感情要深得多。教练员要给每一个运动员平等的机会去发挥他们最大的潜力。在比赛中，尤其球类比赛，上场时间最多的是最好的和训练最刻苦的运动员，机会对所有的运动员来说是不均等的，而体育教师要给学生以平等的机会去练习。

运动员出了运动成绩教练员有成就感，而体育教师的体育教学永远不会有“运动成绩”之说，也因此，体育教师往往没有什么成就感、成功感，反而由于日复一日、年复一年的枯燥工作和学期的重复轮回易产生职业厌倦。

作为教练员要在两者之间保持好平衡，既要有教育者的责任，也要有体育教练员的职责。一方面，有些教练员本身就兼有体育教学工作，身兼两职；另一方面，作为教练员，指导训练和比赛也是指导的学生运动员，既有教育的成分，也要使学生努力获胜。

教练员和体育教师二者的职业目的有很大的不同。但是，教练员也有教育者的责任，教练员也应该是教师，不管教练员本身是不是教师，在不在学校工作，教练员都有教育人的责任和义务。

第四节　教练员的职业特征和角色特征

一、教练员的职业特征

（一）教练员职业简述

美国学者舒尔兹从社会学角度出发对于职业进行了如下论述：职业是一个人连续从事的特殊活动，以获取个人收入为目的，对于经济的发展有着积极的意义，这种活动决定了从业人员的社会地位。《中华人民共和国职业分类大典》中规定，体育教练员是那些在体育运动训练和竞赛中，致力于为运动员提供专业培训、训练和指导的人才。体育教练员的工作内容包括以下几点：一是指导运动员进行身体素质的训练，以提高他们的身体素质和竞争力；二是为运动员提供战术和心理方面的指导，以促进其全面发展；三是协助领队制订训练计划，确定参赛方案；四是组织运动员参加比赛，并在运动竞赛中提供必要的指导和支持。

教练员这一职业既有与其他职业相一致的特质，也有其鲜明的特点，其最显著的特征在于常常处于众目睽睽之下，备受瞩目，也因为各种媒体直接或间接的宣传报道而异常凸显。相对于其他职业，教练员属于具有鲜明特性的特殊群体。

教练员面临各种各样的处境和压力，尤其是比赛失败的压力和难以克服的困难，有时候是两难处境，因此教练员不能是一个过分敏感、过于在意他人的评价与议论的人。教练员长年累月地泡在运动场上，紧张的工作、单调的生活、巨大的压力、复杂的人际关系，都会给教练员以身心俱疲的感觉。教练员殚精竭虑、思虑深重，有时付出却没有收获，感叹天公不作美，有时收获却来得甚是容易，惊喜老天也帮着自己。因此，教练员需要有坚强的神经、顽强的意志和永不服输的韧劲。

（二）教练员的职业特征

1. 体力劳动和脑力劳动的复合性

教练员的工作过程是一项复杂而艰苦的任务，需要综合运用专业知识、相关学科知识和个人经验，指导运动员进行脑力劳动和体力劳动并重的训练，以达到创造卓越运动成绩的目的。它包含脑力和体力双重属性，是二者充分复合的结果，也是理论与实践相融合的结晶。教练员的工作场所以运动场地居多，其工作方式主要表现为肢体动作示范和身体动作指挥等体力劳动。然而，这些表现形式的背后需要运用大量智力因素，为了能够提高训练效率，教练员需要结合运动员的具体情况选择恰当的教学方法，进而确保示范动作的准确性和战术讲解分析的清晰度，这就需要教练员进行大量的想象、归纳、分析、判断等脑力劳动，从而促进运动员掌握精细的运动技能，实现其体能不断提高，确保其心理状态的稳定、健康。

2. 言行一致的示范性

运动训练是一项旨在提高人的综合素质的工作，体现为教练员在工作中展现出的示范性、表率性。运动员中普遍存在着“向师性”的倾向。在运动员的成长过程中，教练员扮演着一种特殊的角色，他们以导师的身份出现在运动员的视野中，引导着他们朝着正确的方向发展。教练员在指导运动员时，通过言传身教的方式来传递信息和价值观，这是一种基本的工作方式。教练员在进行运动训练时，不仅需要通过语言和动作的示范来指导运动员，更需要通过自身的个人魅力感染运动员对其进行指导，如时刻注意自身的言行举止、表情和蔼、语言温和，精神面貌积极向上等。教练员的演示性和率先示范的榜样作用，在运动场中得到了淋漓尽致的展现。

3. 科学与艺术的融通性

受遗传、家庭、社会环境等因素的影响，运动员之间存在着显著的差异性，如有的运动员性格活泼，喜欢热闹，而有的运动员性格沉稳，喜欢安静，这是个性方面的差异；有的运动员擅长理性思考，有的运动员偏向感性思考，这是思维能力方面的差异。除此之外，身体素质、技术水平等方面等都是大不相同的，这就导致在运动训练和实际管理中，随时会出现意想不到的问题。面对复杂多变的情形，照搬照抄一套现成的模式来解决所有的问题显然是行不通的，这就需要教练员综合考虑多方面的因素，开动脑筋，深入研究训练对象的个性特征，深刻把握运动训练规律，结合现有的训练条件，创造性地处理具体情境。教练员工作的创造性在于不断挖掘训练手段，结合训练经验，站在促进运动员全面发展的高度灵活调整训练方法，根据运动员的具体情况艺术性地安排训练。创新是竞技体育的灵魂，是推动竞技体育持续健康发展的原动力，创造性特征贯穿于教练员执教的全部过程。从某种意义上讲，没有创造性就不会有高水平的比赛成绩。运动训练的创造性并不是不加约束、天马行空的想象，而是科学和技术的融合，即在科学的指引下，以艺术的方式运用全新的理念进行执教。创新是科学和艺术的本质属性，没有创新，科学便会陷入停滞；没有创新，艺术也只是一种形式或手段，不能发挥其真正的作用，生机与活力更是无从谈起。训练的科学性是指运动训练要以人体生物特征为基础，遵循运动规律，合理安排训练内容和方法，以达到最佳的训练效果。训练的艺术性是指将丰富的实践经验与丰沛的想象力有机地融合起来，从而形成一种独特的艺术表达方式。从某种程度上来说，训练的艺术性甚至超越了科学性，成为一种更为高深的境界。运动员的技术动作是由大量经验积累而形成的。教练员的经验和悟性是训练中至关重要的因素，因为它们直接关系到掌握最佳运动负荷和捕捉技能掌握的关键点等核心问题。在进行运动训练时，存在一些难以用言语准确描述的感受，例如，速度感、球感、水感、重量感、节奏感等。为了掌握艺术性，我们需要运用科学的逻辑思维和直觉的灵感思维，这两者相辅相成，缺一不可。现代训练的方向和要求在于培养科学的逻辑思维，而灵感思维则是在长期的经验总结和传承中不断发展和完善的。

4. 育体与育人的并重性

竞技运动人才的培养有赖于教练员掌握深厚的专业知识并发挥自身的聪明才智，从本质上来说，运动训练过程仍属于教育的范畴，即育人过程。尽管教练员的训练过程表面上是以提高运动员的身体素质为核心，通过长期不懈地重复训练提升运动员的技术水平和参赛能力，但实际上其中潜藏着道德教育的深刻内涵，如通过运动训练使运动员对于运动专项有着更深刻的理解，有助于培养他们分析、判断的思维能力，有助于提升他们团结协作、开拓进取的精神风貌，有助于培养他们勇敢、坚毅的品质，以及尊重同伴、对手和观众的职业道德。

5. 工作时空的艰苦性

运动员的成长过程是一个漫长而又充满挑战的训练过程，需要结合运动员的身体素质、个性特征进行科学、系统的训练，教练员在此过程中必须付出艰巨的劳动。

教练员的工作范围并不受限于特定的时间和地点。教练员在训练过程中除了承担训练场上的训练任务之外，还需要负责食堂、宿舍、余暇时间等方面工作。他们需要在训练之余及时处理各种问题，以确保训练的顺利进行。在训练场之外的执教行为中，与运动员进行交流沟通、解决运动员的心理难题、思考训练中出现的问题以及提出解决方案，这些都是教练员日常工作中的重要环节。为了深入了解本专业领域技战术的发展趋势，掌握比赛对手的各种信息动态，处理与训练比赛相关的一切事宜，教练员需要在运动训练结束后阅读大量的参考资料，并采用最新的训练理论和方法手段。教练员需要投入大量的时间和精力，以观看比赛的录像资料，尤其是球类教练员还要通过录像了解对手情况，这是工作的一个重要组成部分，是科学分析运动员情况的重要手段。但是很多教练员的工作时间只限于运动场上，训练之外的时间没有学习或者分析运动员，只知运动员在训练场上的表现，不知其在生活和社会中的状况，只知其一不知其二，没有充分了解运动员，也就难以针对运动员的具体情况有的放矢地进行训练和指导。教练工作的艰苦性体现在时间的连续性、空间上的广域性，即无明显的工作与非工作时间界限，训练场上和场下都是教练员工作的地点。

在现代运动训练中，教练员不仅需要向运动员传授技术和战术，还需要精心安排训练做好训练后的恢复工作，以促进运动员身体素质的发展。此外，教练员还对运动员的思想品德教育给予高度关注，加强心理品质的培养，引导运动员遵守行为规范，注重运动队伍的管理。因此，这项工作异常烦琐。

此外，由于运动队通常代表某一特定地域或组织，其运动表现的优劣将直接影响该地区或组织的形象，教练员通常要承受较大的心理压力。在竞技体育中，挑战极限的勇气是必不可少的，而教练员则需要无私奉献，甚至有时候为了实现竞技运动目标，忽略了家庭生活和个人健康。

6. 工作业绩的长效性

竞技人才的培养并不是短时间内就可以实现的，它需要长时间的系统训练，特别是现代体育的日趋成熟，对于竞技人才的培养提出了更高的要求，即体能不断提高、技能逐渐熟练、心理逐渐成熟，运动智力得到显著提升，并通过优异的运动成绩展现出来，这是运动训练客观规律所决定的。作为具有独立思想意识和个性特征的个体，运动员在成长过程中的所有行为都受到自身情感和意识的支配，同时也受到周围环境的影响，这导致他们在成长过程中面临着多种不可控制的变化因素。因此，在训练实践中，教练员应注意研究运动员的身心发育规律，了解运动员的心理特点，时刻关注运动员的身体、技能和心理状态，不断总结和探索适合不同运动员成长特点的有效方法，以确保运动员的全面发展。为了培养具备卓越竞技能力和高尚思想情操的竞技人才，教练员要始终坚持以运动员为本的理念，从运动员的自身个性出发，结合他们的生长发育特点和心理承受能力，综合考虑专项竞技需要、训练的周期节律等多种因素，精准掌握不同运动员运动训练中的负荷量度和强度，制定一个科学合理的训练大纲，根据训练任务合理控制运动负荷。显而易见，运动员获得优异成绩的过程是一个漫长而复杂的过程，教练员的工作成果呈现出持久性的特征。

7. 理论与实践的统一性

运动训练是一项实践性很强的工作，它的发展离不开多种学科理论指导。有关专家对运动训练的发展历程进行了深入的研究，结果发现，运动训练理论不仅涉及了人体运动学科、运动训练学科等体育相关学科，而且还蕴含了人文社会学科的知识。因此，教练需要掌握尽可能多的理论知识，才能在运动训练中游刃有余。运动训练的显著特征在于其极强的实践性，对于教练员而言，不断积累实践经验是确保执教行为有效性的根本所在。经验对一个人而言具有重要意义，然而，单纯凭借丰富的实践经验难以提升教学水平，这样缺乏坚实的理论支撑，即使是再成功的经验也难以落到实处。只有将丰富的实践经验与先进的理论二者有机融合，才能获得卓越的成效。

8. 工作成绩的直观性

衡量一个教练员是否优秀的主要标准是看其指导的运动员能否取得理想的比赛结果，而比赛结果以直观、确定、可见的方式呈现在公众面前。因此，无论教练员的技能水平如何，他们的工作表现都是通过直接反映所执教运动员的运动成绩来间接体现的，而他们的行为表现则需要通过他人的表现才能得到认可。从这个意义上说，运动员的比赛成绩是教练员的工作成就的集中体现。然而，尽管创造卓越的成绩是教练员工作的首要目标，但这并不是唯一衡量教练工作成果的标准，教练员的主要责任和工作成绩在于培养和塑造社会所需的特殊人才。

9. 执教行为的本体性

教练员的职业特质之一在于，他们以运动员为工作对象，将自身积累的专业知识、经验以及运动技能传授给运动员，进而实现预定的训练目标。训练理论作为运动训练中的客体，不管训练内容多么吸引人，训练手段多么先进，训练方法多么科学都无法直接被运动员所接受和吸收。只有教练员通过主体化过程的理解、内化和掌握，将训练理论中的内容、方法和手段转化为自身内在的元素，并通过外在的执教行为与运动员相互作用，使之被运动员所认可，进而产生训练效果。教练员的工作本质在于将其本体精神世界转化为外在的形式，因此在主体与客体、情感与意志等多个方面，教练员的工作必须达到高度的一致性。只有这样，才能使教练员的“心”与运动员的“心”达到高度一致。教练员应该全面了解和研究运动员在生理、心理、身体机能和身体素质等方面的个体差异，同时注重自身的全面发展和提高。

二、教练员的角色特征

（一）教练员的角色疏解

简而言之，社会角色就是一套行为模式，它与人们在社会关系体系中所处的地位相一致，并且与社会对占据该地位的人的行为期望相符合，而不仅仅是一种特定的角色。个体（即自我）是由各种角色所构成的综合体，是与其所处的社会地位密切相关的模式。角色是社会赋予的，每个人都在不断地扮演着不同的角色，这些角色让人们相互了解，也让他们更深刻地认识到自己。在社会活动中，人无法摆脱特定角色的束缚，这些角色在认知结构、思维模式、情感意志、兴趣爱好、性格能力等方面留下了职业的印记，从而导致人的心理和行为呈现出明显的角色倾向。

进一步说，角色作为一种社会地位的个体，在社会对其提出的要求下，通过运用自身的主观能力来适应社会环境，从而呈现出一系列行为模式。角色扮演就是人们通过自身的努力去实现特定社会期望，并在此过程中形成一种自我认同和自我调节机制。个体在特定社会地位下的行为模式与其社会期望相一致，而其主观行为则体现了其角色扮演能力，即社会期望与个体角色扮演能力的融合。

教练员作为一种社会角色，其主要职责包含四方面的内容：一是传道，二是授技，三是解惑，四是育人。教练员在运动队中扮演着统帅的角色，他们是主导本团体的领导者之一，被许多人尊称为“帅”，如老帅、少帅。在现代竞技运动中，教练员还是角色榜样，他们能够以自己的行为和态度影响运动员。

教练员的工作具有多样性的特征，不管是运动员的选拔、训练计划的制订、战术方案的设计，还是运动员技术战术的传授、比赛的组织都是教练员日常工作的重要环节，甚至运动员思想品质的教育、运动员生涯规划、争取团队福利等都属于教练员工作的范畴。由此可知，教练员集多种角色于一身，承担多种工作职能，体现了教练员复式角色的特点。教练员在体育系统中处于特殊地位，他们的职责远不止于指导运动员的训练，他们所承担的工作赋予了他们多种职业角色的特征。

一个优秀教练员应当是“复合型的教练”，不仅通晓运动技术、运动医学、运动心理学等，还是教育、管理、领导、决策等方面的多面手，扮演着多重角色。对于运动员来说，教练员既是训练活动的组织者和指导者，又是和运动员朝夕相处的亲密朋友；既是运动员技能、知识的传授者，又是运动员个性形成的影响者和心理活动的调节者。运动训练中的各种因素无时无刻不在影响着运动员个性的各个方面，其中有相当一部分因素直接来自教练员本身或教练员的行为。教练员的认知方式、兴趣、理想、价值观、世界观，常常对运动员的个性产生深刻的影响。对运动员心理素质的训练与调节，是教练员不可推卸的责任。运动员的心理受到哪些因素的影响，教练员的工作就要做到哪里。因此，教练员合理的角色定位直接关系到运动员的发展，正所谓“冠军运动员的背后是冠军教练”。

采用复式角色模式，教练员能够从运动员的训练、比赛、生活、学习等多个方面获取信息，并从不同的视角出发进行组织和训练，从而充分发挥教练员在运动训练过程中的主导作用。在一定程度上，还能避免“一刀切”现象的发生。采用复式角色模式，教练员能够从跨学科的高度、多层面入手，对运动员的训练进行全面调控，从而提升运动训练和竞赛的实际效果。教练员在面对复式角色模式时，需要具备高度的专业素养、深厚的知识储备和卓越的能力水平，以应对复杂多变的局面。在角色转换的过程中，每个角色的行为都可能受到其他角色形式的干扰，因此，协调各种角色行为是一项具有挑战性的任务。由于各方面原因，教练员在实施角色转换时存在着一定程度上的不同步现象，导致了许多问题和矛盾。教练员应该致力于准确理解角色行为情景，把握角色扮演，避免角色之间的冲突，并提高角色之间的互补性，以应对多种角色行为的同时发生和不同角色行为的转换。

（二）教练员的角色分类

1. 指导者

运动训练是在教练员指导下，运动员有计划、有目的地练习各种技战术，提高体能，锻炼心理品质，不断提升竞技能力的过程。训练的全过程始终需要教练员的指导、监督、控制。教练员不仅要教授技战术，解决训练比赛中出现的问题，还要指导运动员的体育和职业道德。教练工作本身就是一种帮助性的职业，是一项育人的工作，因此，教练员应该是咨询和顾问，而不应该是一个专横的发号施令者。在运动队，有些运动员普遍把教练员称为“某指”“某指导”，就体现了教练员的指导者角色。

2. 组织者

教练员有目的、有系统地把运动员集合起来，并组织其他相关人员以及财、物、信息，安排、运筹训练活动的进行，以通过训练获取优异比赛成绩。在这一过程中，教练员起着组织者的作用，扮演着组织者的角色。

3. 教育者

教练员不仅要求运动员要出成绩，还要教育运动员正确看待成绩；教育运动员成为对社会的有用人才；对运动员进行情感教育，给运动员传授新的知识和思想，动之以情、晓之以理、导之以行。因此，运动训练过程也是一个教育过程，即育人的过程。通常运动员都存在着向师性倾向，这就决定了教练员在运动员心目中具有特殊地位，是运动员成长的引路人，其自身行为具有示范作用。教练员是训练员的教育者，其教育工作的成效不仅取决于教练员教育的方法，还取决于教练员自身的个性特征对训练过程所产生的内在影响。运动员队伍的教育管理是一项纷繁庞杂的系统工程。

4. 领导者

教练员有职权、责任和义务来完成运动队成绩目标与目的，以实际影响力和权利去解决存在于运动队的问题，以其能力和威望去影响运动员达到某种成绩目标，对计划、比赛等活动予以决定，对运动员的表现进行奖赏和惩罚。

5. 交流者

教练员要与运动员、其他教练员、上级领导、社会人士、各类媒体进行各种工作、思想、信息交换等人际沟通。有些人认为运动训练组织与管理就是交流，没有交流，教和练都将不可能进行。运动训练中的交流不仅是语言的交流，更为重要的是非口头语言交流，如手势、面部表情、动作示范等体态语言。教练员应与运动员建立良好关系，倾听运动员意见、反省自己、不断自我完善。

6. 激励者

教练员通过各种方法、手段，调动运动员的积极性，挖掘其潜力，使其努力训练，以不断提高竞技能力，获取良好比赛成绩。教练工作就是一种奉献，包括教练员的知识、技能、能量以及所有智慧的奉献，是一种与运动员共同分享并以此激励运动员的工作。

7. 管理者

按照运动训练规律和各种规章制度，教练员通过计划、指挥、协调、监督和控制等管理职能实现队伍的运动成绩目标。严格管理、严格训练是我国专业队训练管理的两大法宝，教练员是执行这两大法宝的直接管理者。

8. 科研者

教练员对自己的训练和比赛进行分析、评估并得出结论，借鉴他人经验和长处，研究有关训练的内容、方法、手段，提高自己的科研水平，也有助于改善自己的训练水平，同时给他人提供成果。

9. 学习者

社会的巨大变迁和运动训练科学化程度的日渐提高，促使教练员不断学习专业知识，广泛吸收其他领域的相关知识，从同行中借鉴、引用成功的经验，及时掌握和运用现代教育技术手段，以提高训练效果。

（三）教练员的角色评述

教练员还承担着多种职责，如人们通常所说的师长、兄长、朋友等。教练员的职业属性决定了其所扮演的角色具有高度的复杂性、综合性、交叉性、多样性和权变性。尽管管理者、组织者和领导者之间存在着许多相互交织的职能，但它们并未完全互相替代或相互覆盖，而是各自发挥着独特的作用。从某种意义上讲，这就是教练员所特有的“双重身份”和“多重使命”的表现。尽管教练员身兼数职，但这并不意味着他们必须承担如此繁重的责任，展现如此重要的价值，泛化其自身的功能，甚至夸大其实际作用，而只是表明在工作中或多或少地涉及这些角色的成分或内容。

教练员在实际工作中所面临的复杂任务，是通过实际行为来验证其复杂角色特征的。这种情况源于我国独特的社会背景、文化特点和运动训练管理体制，导致教练员角色的多样性和广泛性，从而削弱了其执教主体的功能，进而影响了实际运动训练的效果。要改变这一现状，必须从宏观上进行系统设计和改革，建立起一个合理而科学的教练员群体结构体系。正如王广虎教授所言，我国的教练员具有“功能弥散”的明显特征，教练员与运动员之间的互动，不仅仅局限于简单的“指导与被指导”的训练活动，而是在以教练员为核心的社会化教育过程中得以体现。这种由教练员主导并通过一定的组织形式进行的教育实践活动，就构成了整个系统的整体效应。在一种双边活动的社会结构关系中，这种“无所不管”的管理方式实际上是一种单向扩张的“功能”，表现出一种极度泛化的趋势，从而掩盖了教练员执教时“功能特定”表面现象下的一种极端的“功能弥散”。然而，教练员在运动队中扮演着多重角色，多角色模式的优点在于它能够使教练员从运动员的训练、比赛、生活和学习中获取各种信息，从而提高他们的综合素质。教练员能够以跨学科的视角对运动员的训练进行全面调控，发挥其潜能和才智，从而提高运动训练和竞赛的实际成效。因此，在一定程度上，多角色模式为我国体育领域提供了新的研究视角与思路。在多角色模式下，协调各种角色行为是一项具有挑战性的任务，需要解决许多敏感的定位问题，这需要我们付出更多的努力和智慧。在角色转换的过程中，每一种角色的行为都可能受到其他角色形式的干扰，从而导致其表现出多样性和复杂性。教练员在运动训练过程中扮演着多重角色，其主导作用的加强导致了运动员主动作用的减弱。

随着社会的不断进步，竞技体育逐渐朝着社会化方向发展，教练员的角色也在不断演变，他们将逐渐从“无所不管”的角色转变为“专注于训练”的角色，这将导致教练员自身的角色冲突发生全新的变化。

教练员在运动训练中扮演着至关重要的角色，他们不仅需要展现出现代执教理念、丰富知识和卓越能力，更需要面对合理执教行为的挑战，面对日新月异的现代社会和日趋成熟的竞技体育，教练员需要付出更大的努力，不断增强工作信心和自豪感。

第五节 教练员在现代运动训练中的作用

纵观各国竞技运动的发展历程，可以发现各个国家在竞技运动发展过程中所采取的措施和方法是大不相同的，但是有一点又是相通的，即对于教练员的职业化发展给予了高度重视。结合本国实际制定提高教练员职业素质的方针政策，完善教练员的知识结构是各国共同重视的课题。现代运动训练仍然是一项涉及生物和生理方面改造和提高的工作，运动员仍然是各种实践活动的核心，而教练员则在这些实践活动中扮演着主导和决策的角色，教练员的水平高低直接关系着整个训练工作的成败。教练员在运动训练中扮演着主导和决策的角色，这是由运动训练的客观规律和教练员职业性质所决定的。运动员能否按照预期设想提高运动成绩是一件不可控的事，训练条件、训练强度等多种因素都会对运动成绩产生影响，其中教练员的指导质量起着决定性作用。因为教练员在运动训练过程中扮演着至关重要的角色，所以他们的领导地位是毋庸置疑的。然而，运动训练过程是一个涉及多个因素、多个序列和多个层次的复杂系统工程，理论上来说，教练员在运动训练过程中起着不可替代的作用，但在实际的运动实践中，教练员所起的作用还是有着显著差异的。这是因为尽管训练目标是相对稳定的，但是各种实践活动在运动训练过程中呈现出独特之处和不同的要求，所以教练员在各种实践活动中扮演着不同的角色，需要满足不同的实践需求。

一、运动员选材方面的作用

在现代运动训练过程中，运动员的科学选材是运动训练科学化的重要组成部分。为此，世界竞技体育强国都十分重视对运动员选材的科学研究。不少国家利用现代先进的科技手段，在运动员的选材方面取得了重大的突破，并取得令人瞩目的成绩。我国所涌现出的一大批优秀运动员，如游泳运动员庄泳、林莉、阎明、黄晓敏，田径运动员李涛、倪涛、陈跃玲，体操运动员李小双、陆莉等都是通过科学选材系统输送到优秀运动员队伍中来的。随着现代科学技术的发展和其对运动训练强有力的渗透，运动员的选材工作更加深入，理论研究也更加广泛。因此，运动员选材工作从客观上讲对教练员的要求也就越高，教练员在此过程中的作用显得更加突出。

二、组织领导的作用

一个完整的训练过程由多个环节组成，要想每一个环节都能落到实处离不开教练员的组织领导。教练员在运动训练过程中承担着双重职责，一方面他们是这个过程的决策者，另一方面他们又是确保运动训练过程得以顺利实施的执行人。在这个过程中，他们运用自己所掌握的各种科学知识和丰富的实践经验，精选人才，提升训练质量和管理水平，最终培养出技术成熟、心理健康且运动成绩优异的竞技人才。作为运动训练中的组织者与领导者，教练员要对未来的训练过程预先作出理论设计，为达到最终目的而选择最适合运动员的道路。凡事预则立，不预则废，各种训练计划是“预”的一项重要内容，是运动训练过程中教练员的重要决策之一。运动训练的组织者按照事先指定的方案统一训练活动参与者的认识和行动，使运动训练过程的所有参加者都了解如何训练才有可能尽快地达到训练目的。教练员的这一作用的发挥是保证运动训练过程有序完成的重要条件之一。

三、指导作用

运动员在学习和掌握运动技术的练习过程中，除了观察示范、倾听讲解之外，主要通过大量的反复练习来掌握动作技术，而运动员练习技术动作必须在教练员的指导下才能掌握得快而正确。在这个过程中，教练员的指导是对运动员的每个动作，每次练习中出现的各种情况，按照动作规范化、规格化要求确定正确的部分，指出动作中的错误及其产生的原因和改进的方法。教练员的这种指导作用自始至终贯穿于运动训练的全过程。

四、保护帮助的作用

保护帮助是训练中必不可少的主要程序之一。练习中教练员适时适当而巧妙地给予运动员一定的动力和阻力，来帮助他们完成动作，使之通过自身的触觉和本体感觉去体会肌肉发力的时机和大小，从而建立正确完整的动作概念，促使和加快技术动作的掌握。同时在训练中，由于技术不对，动作失败而出现险情时，教练员根据情况，及时有效地提供保护与帮助，可防止和避免伤害事故的发生，维护运动员的人身安全和健康。

五、调控作用

在系统的训练过程中，教练员通过各种渠道，及时了解和掌握国内技术情报，竞赛规则、规程的变化以及训练进程的情况。从宏观上决定是否要在训练中细心地观察，搜集反映运动员在训练中的心理、生理状态变化的各种信息，了解训练情况。从微观上决定是否对训练内容、运动量及运动强度和密度进行必要的调整。这就是教练的调控作用。

六、测试评价作用

在运动员从事运动训练的整个过程中，教练员应不断采取有效手段和方法，根据《教学训练大纲》的内容和要求，对运动员的形态、心理素质、技战术、成绩等进行跟踪测试，并能够根据数据客观地分析评价该运动员在周期、阶段内的运动水平以及在一定范围内的年龄组中的发展状况，以达到在今后训练中有的放矢的效果。

七、激励作用

训练中，教练员利用本身的职能措施，激发运动员的积极情绪，鼓励运动员克服困难，使他们得到勇气和决心。为此教练员应巧妙地运用适当的语言、手势、其他肢体动作或眼神，对他们的技术动作和表现及时给予肯定，即使不足之处，也应该多提出希望，使他们得到欣慰和满足，加速正确条件反射，从而激发情绪，加速分化过程。这就使运动员感到轻松愉快，精神振奋，又使艰苦的训练不单调、不枯燥。这种活跃的气氛有助于错误动作的纠正，还能激发队员训练的创造力、想象力、凝聚力，这就是教练员的激励作用。

第二章　教练员的执教基础

现代竞技体育的竞争，从一定意义上说是教练员水平的竞争。具有强烈事业心、思想作风过硬、业务精通的教练员队伍是不断提高训练水平的关键和根本保证。先天的智力、心理特征是执教的基础，更重要的是教练员通过后天的修养形成的品德、知识、才能、情操、风度、胆略、作风等。教练员个体的执教行为是外显的，执教理念、专业精神、知识结构、能力结构等内在因素是执教行为的内因，是执教行为的基础，是执教行为的起始。本章主要论述教练员的执教基础，主要内容包括执教理念、专业精神、知识结构、能力结构。

第一节　执教理念

一、执教理念解析

理念每天都在指引个体的行为及生活方向，帮助解释生活中一些最基本的问题，包括指导行为的信念或原理，它意味着对智慧的追求。在体育运动中，没有任何事物能像这种高度浓缩的、对生活和对教练工作的理念这样实用。教练的艺术在于巧妙地运用理念的演进，以实现对目标的不断追求，进而实现预期的训练目标。教练员执教的对象是运动员，工作内容围绕提高运动员的体能而展开，其工作理念是通过深入研究运动员的身体素质和竞技水平，从运动员的实际情况出发，帮助他们确定训练原则、竞赛方式，引导他们遵守行为准则，制定短期和长期训练目标，和运动员一起分析训练中出现的问题并提出相应的解决方法。教练员在实际的执教过程中，不断总结经验，学习前沿的运动训练成果，从而形成具有个人特色的理念。执教理念并不等同于训练知识和执教经验，而是对这些知识和经验的提炼和升华。执教理念和执教观念虽然只有一字之差，其内涵却是千差万别。观念是指人们对事物的看法，尚未被提升到思想的层面，具特殊性、短期性的特点，而理念是观念的高度思想化，代表着人们对事物的普遍认知，具有系统性、坚持性的特点。

根据对象的不同，理念可分为主观理念和客观理念。对于教练员主体来说，客观理念就是得到教练员群体普遍认可的理念。主观理念是指教练员结合自身的知识结构和执教经验将客观理念内化为自身的执教理念。不同教练员的主观理念是大不相同的。

运动训练是一个庞大且错综复杂的体系，教练员的核心工作就是精准地控制这个系统。这并不是一件容易的事，因为这个系统受多种因素的影响，处于不断发展变化中，要想达到精准控制系统的目的离不开对这个系统自身进行深入的考察，如了解这个系统的组成要素，明晰系统的内部结构，明确系统的功能等，而分析则是对这种复杂系统进行考察和认知的基本思维方式。在此基础上，才能有效地开展各项训练活动。如果不对训练系统的本质规律进行深入细致的剖析，便难以形成对其本质的全面认知。教练员应持续探索项目规律，不断更新训练理念，创新训练方法和手段，科学掌控训练节奏，提高训练的针对性和有效性，加强运动员精神、意志、心理和作风的磨炼，并将其贯彻到日常训练和参赛中。只有通过对训练现象的深入剖析和精准概括，方能形成个人独特的理念，并以此为指导进行训练行为。

二、执教理念发展

执教理念是教练员专业化发展的秉承，是对专业精神、知识结构、能力结构发展的指引与导向，也是对自己执教行为的高度概括和提炼。执教理念相对稳定，但不是一成不变的，需要根据社会观念的变革、理论体系的引导、执教经验的积累、理性思维的创新而不断重组、变更。

教练员执教理念的获得是通过理性思维对大量训练、比赛、管理等经验进行积累、总结，科学地抽象，以概念和认识体系的形式对本项目运动发展特征的认识活动。在训练和比赛中教练员通过观察和思考获得的对队伍、运动员及训练、比赛过程的丰富感性材料，仅仅是一些简单的对比赛、训练现象的表层认识。揭示和认识训练、比赛内在的本质，以实现对训练和比赛的科学化控制，需要教练员对诸多纷繁复杂的外在现象科学地抽象出本质的东西，这种抽象便是一种理性思维的过程。而抽象思维的不断深化，使得教练员对训练和比赛理解的科学性不断地得到增强。对训练和比赛以概念性观念化构想复现于思维之中，这种概念化是在对运动项目本质的理性认识过程中所体现的一种创造思维活动，也是在经验基础之上的理性总结和概括。

挣脱唯金牌主义的枷锁，把发展理解为人与社会的全面发展，而不仅仅是运动成绩的提高和金牌数量的增长。丰富的精神生活、矢志不移的价值追求、关注生命的意义不仅同样重要，在某种意义上可以说比金牌更为重要，而且这种不仅是追求成绩的理念，其价值更加深远，也可能会带来更好的运动成绩。教练员将自己的理念体系灌输给每一名队员，并向他们清楚地传递出自己是平易近人的，在生活中是负责任的，运动员有问题和烦恼可以找他们寻求解决的方法。

体育训练和比赛的作用众多，但本质上是游戏、是娱乐，我们对待体育比赛有时过于严肃、认真和投入，往往秉持着非胜即败的观念，对待成绩过分较真，给予运动员和教练员很大的压力，忽视了竞技比赛的娱乐、合作的作用。失败就是竞技体育的组成部分，在竞技体育领域没有常胜将军，任何伟大的运动员都会退役，任何伟大的教练员都有失败的时候。

三、执教理念举隅

下面列举几个比较公认的执教理念：

（一）“运动员第一，获胜第二”理念

1. 含义

这是指教练员所作出的每一个决定和实施的行为首先考虑运动员的最大利益和有利于运动员，其次是促进运动员（队伍）获胜。这并不是说夺取锦标不重要，而是它不如运动员的身心健康与发展重要。帮助运动员发展身体、心理和社会交往能力是比获胜更重要的事情，但是努力获胜是每一个教练员和运动员的目标，也是参加运动训练和竞赛的动力所在。取胜是大多数教练员和运动员追求的一个重要目标，也是运动竞赛的主要目的。所有人都知道赢比输所带来的眼前的社会效应和经济效益要多，当教练员和运动员决定参赛时，也会尽自己最大努力，表

现自己的最佳水准。但追求取胜目标时，教练员是否想过：你情愿拿运动员和你的健康去做赌注吗？你能将取胜置于运动员个人发展之上吗？正确的取胜观点是什么？这些至关重要的问题，教练员每天又都必须回答它们。没有努力获胜的理念，便谈不上任何执教理念与行为；没有努力获胜的理念，也不可能做到运动员第一。

“运动员第一，获胜第二”理念的内涵表现为：当教练员认为是为了运动员的利益，而不是单纯为了取胜，每个运动员都可以参加比赛；受伤运动员应在伤病完全康复后参加比赛；教练员应在比赛过程中将个人得失放在一边，只要运动员发挥出色，无论结果如何都感到骄傲，而运动员未尽全力，无论结果如何，都应感到失望；抵制社会上不惜任何代价追求胜利的压力和外部环境，教练员要始终不渝地坚持自己的哲学；教练员的职责是帮助运动员对自己的重大责任进行决策，以使运动员充分发展自我；教练员可以通过许多方式影响运动员的生活，最深远的方式是塑造运动员的价值观，通过身体力行和与运动员进行交往，将自己对于教练工作的哲学和生活哲学传授给运动员。

洛杉矶加利福尼亚大学传奇大学篮球教练约翰·伍登有一套深思熟虑的执教理念：“运动队要取得最大的成就，每个人就必须最大限度地准备自己，随后将他的才能投入到团队工作中去”“我试图使我的运动员相信，真正的成功或获得心灵的平静来自知道自己已经尽了最大努力后的自我满足感”。该理念强调教育和行为而不是取胜，强调了运动员的努力和感受，而不是胜利。

2. 人文主义体现

“运动员第一、获胜第二”意味着“以人为本”，就是教练员在执教活动中，以运动员为核心，以做好运动员的工作为根本，尊重运动员作为人的存在，把提高运动员的素质、处理好人际关系、满足运动员的需要、调动运动员主动性和积极性以及创造性的工作放在首位，通过运动员主观能动性的充分发挥取得最大效益。“运动员第一、获胜第二”注重人的发展要求，将运动员视作运动训练和竞赛的最高目的。

“运动员第一、获胜第二”是人文主义的体现。人文主义强调人本身，提倡关怀人、尊重人和个性解放，关注人本身的存在超过关注物质的存在，关注人的精神状况超过关注人存在的物质基础，注重人的更全面发展。教练员是从事“人”

的工作，“人文精神”贯穿于工作的全方面。关心运动员，尊重运动员的尊严，重视运动员的价值，为运动员的身心和谐发展服务。从人本化角度在管理理念、体制、管理方式手段上体现出关注人的心理，重视人的精神需要，尊重人的个性展示与发展，实现人的自信、尊严和价值等。追求运动成绩是竞技体育实现人的价值的最主要目标，但不是唯一目标，重视运动员生理和心理的健康、关心运动员的精神生活、尊重运动员的价值、重视运动员的尊严，是人类社会发展的总趋势，也是竞技体育最高的追求目标。有的运动员自幼就从事竞技体育的训练和竞赛，而这个年龄正是运动员塑造个性、品质以及受教育和社会化的最宝贵的年龄段。如果在将个时期荒废和错过，将为运动员今后的成长和生活造成不可弥补的损失。尽管运动年龄有长有短，但是不管怎样，运动生涯毕竟是他们人生和青春的重要部分。如果教练员更多地将自我价值与所指导运动队的胜败联系在一起，不在乎能为运动员做些什么，而是关心运动员能为自己做些什么，也就是说，教练员的教练工作实际上不是帮助运动员实现取胜或自我发展的目标，而是在实现自己的个人目标，那么在实际执教过程中就会表现为获胜第一，长此以往，运动员自然会摒弃他的。有球员评价著名的足球教练员穆里尼奥，“他甚至愿意为我们而死”，这样的教练员自然会获得运动员的尊重和服从。

中国女排曾有过“五连冠”的辉煌，令国际排坛震惊。举国上下都曾学习研究女排精神。这种精神实质是女排队员拼搏精神的结晶，归根结底是教练员、运动员日常人文教育的养成结果。人文精神和竞技体育是相互影响、相辅相成的，竞技体育蕴含着丰富的人文关怀和对人的尊严、价值、命运的维护、追求和关切，要把人文教育作为运动员素质教育的一个重要内容。

3. 对竞技体育异化的纠正

竞技体育的异化主要是指竞技体育的参加者丧失自主意志和兴趣爱好，参加竞技体育活动是在高额悬赏的诱惑下，在求职、改变社会经济地位或其他各种社会目的的驱使下进行的，采用一些非理性、非科学、非人性，甚至非法的手段，导致竞技体育过程的变质。竞技体育异化主要表现为：运动训练的野蛮化。在运动训练中强调人的生物属性，忽视人的社会属性，轻视运动员的感情和需要，即不尊重运动员的人格，采取侮辱、打骂、威胁、惩罚等手段。轻视运动员必要的文化教育，不顾及运动员的生理极限和心理极限，盲目加大运动负荷。

虽然教练员的成功以运动员的成绩来体现，但是如果把运动员作为教练员获取社会地位和利益的筹码、手段和工具，必然导致教练员和运动员之间的关系成为利用关系，教练员仅以通过榨取运动员的成绩作为获取利益的渠道，这种教练员是难以获得运动员认可和社会承认的，也降低了体育作为健康的社会文化在群众心目中的地位，最终受影响的还是体育的从业者。

为了加强体育行风建设，促进国家队教练员廉洁执教，防止发生违纪违法行为，2003 年 8 月，国家体育总局发布《国家队教练员廉洁自律规定》，其中第十四条规定：不准筹划、唆使、怂恿运动员弄虚作假、停赛、罢赛、打骂裁判员。第十六条规定：不准强迫、指使、诱导、欺骗、指导和默许运动员使用违禁药物。这些规定从行业管理方面对教练员正确引导、管理运动员作出了具体的要求。

（二）强调训练态度理念

态度决定一个人的成败，积极努力的态度也是一个人责任感的体现，如果教练员对事业成功有强烈的愿望，那必然在工作中认真负责地处理和运动队有关的一切事情，投入全部精力为实现理想而奋斗。把每一次训练当成比赛，是教练员对运动员的严格要求，体现了其作为高水平教练员所具备的求真务实的科学训练观，生动体现出“练为战”的关系，能更好地激发运动员的训练激情。把握运动训练过程中体能、技能、心理等竞技能力，只有达到或超过比赛的强度和对抗程度才具有实效性。这个核心问题，是从实战出发并对运动员身体、技战术、心理和作风的一种长期磨炼，更是提高运动员自身职业素养水平的有效方法。把每一次训练当成比赛来看待不仅是对运动员的要求，也会促使教练员努力运用更先进的训练理念、方法、手段来与比赛相适应。

做好训练的每一件事情，哪怕一个最基本的技术练习，每一个训练的事情都要尽自己的能力做到最好，前国家足球队主教练米卢的“态度决定一切”是对此最好的诠释。“完成练习”和“完成最努力的练习”的程度是不同的，日积月累的结果更是不可相提并论的，两者的差距是显而易见的。做什么不重要，怎样做才更重要。百分之十的投入和百分之百的投入对于挖掘人体潜力的运动训练来说结果是不言而喻的。训练中的专注也是训练态度的重要方面，众所周知，成功的关键在于求胜的意愿，但是没有每次训练课中的全身心投入，胜利就是天空中的月亮遥不可得。运动员都想赢，但是赢的基础是专心、专注和决心。就像中国训练场地喜欢张贴标语一样，美国国家奥林匹克训练中心餐厅的门上贴着“不是每四年，而是每一天”，提醒运动员每四年的成绩来自每一天的训练，来自点滴的进步，来自逐渐的积累，要认真对待每一天的训练。

（三）公平竞赛理念

公平竞赛是一种认识方式，而不只是一种行为方式，公平竞赛可以被描述为一种教练理念，包括友谊、尊重他人和以正确的精神风貌参加竞技，以光明正大的方式参加比赛，不要使用不正当的手段，胜利者对失败者要宽大。公平竞赛是在体育规则的范畴内比赛，不仅是行动模式的定义，而且还是思维模式的定义。

与公平竞赛相对立的是不公正、兴奋剂、暴力（身体的、语言的）、机会不均等、过分商业化、腐败、弄虚作假、使用违禁药物、投机取巧、粗俗动作和语言等内容。

公平竞赛意味着展示尊重，考虑其他人或者考虑周围的环境，要尊重他人的年龄、职位或价值观，也要尊重他人的宗教信仰、文化传统或语言，同时尊重规则、尊重裁判、尊重对手、尊重同伴。参赛运动员不仅要展示他们精湛的技术，还要展示他们良好的体育品格，输得要优雅，赢得要谦虚。当同伴出现失误，应该予以鼓励而不是责怪；当对手获得胜利，不是摔拍子，而应大度地祝贺对方，球场上是对手，球场下是朋友。坚持公平竞赛就意味着在体育比赛中人们应遵守规则、尊重人，意味着不管做什么，都应当凭自己的真才实干，而不是依靠“外力”。所有这些良好的理念都需要教练员在日常的训练和生活中灌输给运动员，传授给运动员，并让运动员实际努力去做。如果教练员没有展示公平竞赛的理念，而让运动员遵守，可想而知是难以达到的。

（四）细节决定成败理念

注重细节是每一位教练员必须具备的基本素质和职责所在，也具体体现了教练员的执教能力。有些教练员也抓技术，但是不细、不严，也缺乏细的办法。重视细节，其实本质就是保证训练质量。抠技术、抠细节，严把技战术训练质量关是解决问题的有效途径，同时还会促进运动员主动思考，开动脑筋投入训练。抠细、抠严是提高训练质量的关键所在，也对教练员的职业素养和执教能力提出了更高的要求。

要做到正确理解和认识细节，并能按要求去做，是一件很不容易的事。它是努力提高自身素质、自觉养成良好习惯的结果。只有在日常训练中注意训练和提高洞察力，认真做好、做细生活中的每一件事，经过一点一滴的积累，最后才能促使量到质的飞跃。

四、执教理念的建立

（一）更好地了解自己

作为一名教练员，执教成功与自己对自己的认知有着密切联系。因此，是否了解自己和使自己生存的能力，决定了能否将当前无效的行为方式转换为有效方式，自我意识便是其中的第一步。如果希望帮助运动员了解他们自己，就必须首先了解自己。只有目标明确并积极投入时，运动员才可能作出相应一致的反应。

运动员的终身行为可能更依赖于教练员所树立的榜样。一位教练员有没有威信，说的话运动员听不听，运动员尊重不尊重教练员就是看教练员自己做得怎么样。凡是要求运动员做到的，教练员必须首先做到。因为，运动员更可能变得像教练员这样而不是教练员希望的那样。教练员只有清楚自己的个人价值，才能更好地帮助运动员解决冲突和疑惑，才能为运动员提供持续积极的指导。

（二）设定个人执教目标

教练员们一定在心底无数次问过这样一个问题：这世界上有那么多职业，自己为什么要来当教练呢？但换一种问法，作为一名教练员，希望在执教中得到什么？这样的问题，教练员们恐怕就很少仔细考虑了。教练员在建立执教理念时，需要考虑的不仅是执教目标，还需考虑个人目标。为什么要成为一名教练员？是希望通过运动训练培养青少年？是为了对体育运动的热爱？是为了享受运动训练和比赛带来的快乐？是利用自己的运动特长，更好谋生？是为了更多的社会联系和扬名？是为了旅行和周游世界？所有这些目标和许多其他目标，都是教练员执教合理的个人原因。每个人做任何工作都需要达到一些自己的目标，教练员也不例外。除为了运动员、为了获胜、为了祖国、为了集体这些利他性目标之外，在执教中教练员有自己的个人目标也是完全合理的，只要在达到这些目标时，没有损害运动员的利益和集体的利益。

第二节　专业精神

尽管教练员有其自身的特殊性，但是和其他职业一样也需要从业人员具有相应的专业知识，因此，教练员的专业精神便成为运动领域探讨的热点问题。

英文中的阐述专业精神的词语有“professionalism”“career”“morale”，这些词含义相近，侧重点却各有不同。professionalism 指的是那些从事专业工作的人所具备的职业特质，包括职业风格、该行业的社会地位、工作方法等，含有专业和专业精神的意义。career 强调的是职业性，代表着一种长期从事专业工作并获得成功的谋生方式、职业生涯、经验，含有终身事业的意义。morale 含有“士气”的意义，不仅仅是指一种高昂而和谐的工作精神，更是一种蕴含着道德和道义的精神力量。

专业精神指从事某种专业所具备的特定信念和品质，它有着丰富的内涵，从事该行业的人员是否爱岗敬业，是否有着强烈的责任心，是否有着积极向上的价值观等都属于专业精神的范畴。从教练员这个职业来说，指的是教练员是否有着较高的思想觉悟，是否具有不畏艰难、勇攀高峰的进取心，是否有着为了体育事业蓬勃发展而献身的奉献精神。随着社会的发展，现代体育对教练员的执教工作提出了更高的要求，同时赋予了教练员的专业精神更深邃和更广泛的时代意义。如要求教练员全身心地投入到执教工作，心无旁骛，专注、专一，当执教工作出现问题时，要积极思考，锲而不舍，通过查阅资料、向他人请教等方式寻求解决策略。教练员专业精神的孕育与养成，是一项长期的工作，是教练员个体在实际执教活动中对教练员工作内容和意义的深刻领悟，塑造出相应的价值观，孕育出相应的职业情感和责任感，进行执教行为的价值取向。这种职业情感与责任感又会促使教练员自觉地调整自身的心理状态，使之成为一种积极而健康的心理现象。教练员的专业素养不仅是社会对其外在要求的体现，更是个体内在对其所需的必要追求。它不仅直接影响着教练员个人的教育实践，而且还将决定一个国家或地区竞技体育的发展水平。因此，教练员要以与时俱进的专业精神为基石，将其视为专业行为的核心支柱。

专业精神意味着对自己所从事的工作进行精深的学习与孜孜不倦的研究，精益求精，在原有知识基础上不断地学习与创新，充满创造力，能遵循最高的职业道德标准，尊重自我，尽自己的最大努力将工作做好，获得别人的尊重和信任，从而更有热情。专业精神更多地表现为一种态度，而不只是能力；不单有技能，更主要的是用心；不仅是自我认可，还有他人的赞誉。教练员的专业精神既是社会的外在要求，也是教练员个体的内部需要。教练员自信心来自对所教项目的理解，更来自其专业精神，而不是教练员当运动员时的运动成绩。

专业精神包含敬业精神，是敬业精神的丰富和深化；专业精神不等于职业道德，它超越职业道德的外在要求，与教练员职业的特殊性和所扮演的角色特征紧密联系。专业精神同样需要意志品质以发展和完善。为便于分析，下面从敬业精神、职业道德和意志品质三个方面来阐述专业精神：

一、敬业精神疏解

“凡做一件事，便忠于一件事，将全副精力集中到这件事上头，一点儿也不旁骛，便是敬。”敬是思想专一、不涣散的精神状态。敬业精神是对职业的敬重和热爱，对所从事职业期望的向往和追求，是基于对职业挚爱基础上对工作、对事业全身心忘我投入的精神境界，始终保持高昂的工作热情和务实苦干的精神，认真踏实、恪尽职守、笃行不倦、精益求精的工作态度。

敬业精神是作为“专业”的教练员职业最基本的必要条件。指导训练是一项复杂而又具有挑战性的工作，常常会遭遇各种艰难险阻，承受常人难以想象的压力，有时候甚至会遭遇挫折、失败。对于教练员而言，对教学的执着和热爱是克服和战胜这些困难的精神支柱。要想成为一名优秀的教练员，必须具备以下品质：首先，热爱本职工作，全身心地投入其中；其次，坚持学习，勇于创新；最后，善于观察，积极思考，当遇到前所未见的问题时，要及时总结经验，严格自律。不管是何种职业，只要要求从业人员具备相应的专业知识就属于专业性的范畴，该种职业有一个共同点，即要求从业人员敬业、忠诚。而教练员职业的忠诚则表现为对事业的热爱，具有极高的责任感和使命感。热爱是最好的老师，它能激发人们的潜能，使人们始终以饱满的热情从事某项工作。如果教练员希望运动员达到预期的训练目标，那教练员需要用同样的标准来要求自己，相信自己也能达到这一目标。教练员必须率先践行，方能确保运动员达到预期目标。

要想在事业上取得卓越成就，必须具备强烈的事业心，并在此驱动下迸发出超凡的钻研精神和“迷劲”。人们形容一个人工作专注通常会说“这个人入迷了”，所谓“入迷”是进入了一种忘我地探索的境界。入迷能使一个热衷于事业的人，被追求的快乐所吸引，从而陷入其中。“入迷”是成功的基石，天才之所以能取得常人难以超越的成绩，就在于他们热衷于自己的事业，也就是“入迷”。一个对事业入迷的人，必然是一个勤奋且不断努力的人。对于一位具有责任感的教练员而言，教练的工作特别的烦琐且承受着巨大的心理压力，可以用“没完没了、提心吊胆”来概括。相比于其他工作，教练员需要付出更多的时间和汗水，有时为了获得理想的运动成绩，他们还不得不牺牲温馨的家庭生活，全身心扑在事业上，痴迷于训练，并在日常生活中不断探索运动员的训练方法和手段。因此，教练的执教行为和意识已经深深地渗透到他们的日常生活之中，成为他们思想和精神的重要组成部分。

任何一位有志于作出一番成就，有着强烈进取心的教练员，都不满足于现状，不甘心落后。他们具有强烈的责任感，以推动体育事业的发展为己任，以培养出高质量的竞技人才为目标，对事业孜孜不倦地追求，面对烦琐的工作内容，不抱怨、不气馁，虚心向优秀教练员请教，不断学习先进的训练方法，使训练工作精益求精，时刻保持警醒，当训练出现问题时，敢于否定自己，否定现在，不断探索，勇于创新。

教练员的敬业精神除了能够提升训练质量，还能够对运动员起到潜移默化的影响作用。教练员在运动训练中起着主导作用，而教练员是否具有敬业精神则是其能否发挥主导作用的前提条件。敬业精神作为社会意识形态，同社会经济有着密不可分的关系，不同的时代有着不同的敬业精神。知识经济时代的敬业精神有着与时代相契合的内涵，包括积极进取的事业心、高度的集体荣誉感、刻骨钻研的精神、脚踏实地的实干精神、孜孜不倦的奋斗精神、勤奋好学、良好的协作精神、不囿于传统观念勇于开拓的创新精神，这些是教练员必备的精神基础。教练员要想获得成功，必须有着良好的心理素质，勇于面对挫折和失败，克服常人难以逾越的难关，承受多次失败所带来的痛苦和考验。在运动员看来，情感因素被视为优秀教练的特质和先决条件，其重要性甚至超过了教练员的专业技能。运动员认为好教练是他们的偶像，是他们心目中最好的老师。教练员应当具备情绪调节和行为规范的能力，以积极的影响和正向的能量，促进运动员的全面发展。

以艰苦的工作作为乐趣，是教练员的价值所在。“人生能从自己职业中领略出趣味，生活才有价值”“敬业即是责任心，乐业即是趣味”。孔子说过，“知之者不如好之者，好之者不如乐之者”。对自己所从事项目的热爱是最重要的因素，其他诸如知识、能力、责任、经验、运动经历等都是被热爱组合起来才能发挥作用的。

教练员的职业成就取决于他所展现出的个人素质，而他们是否具有全身心投入体育事业的献身精神，又会对运动员训练水平的高低产生直接的影响。要成为一名出色的教练，必须具备强烈的事业追求、责任心和对体育事业的执着追求，这些精神是不可或缺的基础。缺乏这些精神，教练员的工作将无从谈起，但要真正做到这一点确实需要付出巨大的努力。教练员在要求运动员实现训练目标之前，必须确保自身已经达到了预期的水平，为运动员做好榜样。教练员的执教和教师的教学有着相似之处，即二者都强调言传身教。从本质上来说，教练员训练运动的过程实际也是育人的过程。教师是教书育人的典范，有着“人类灵魂工程师”的美誉。这种赞誉也可以用来形容教练员。在日常的训练和生活中，教练员的威信受到诸多问题的影响，如能否正确对待训练过程中出现的问题，是否可以运用恰当的方式解决问题等。当教练员的利益与运动员的利益发生冲突时，如果教练员能够以运动员为中心，优先考虑他们的需求和利益，将自身利益居于次要位置，就会赢得运动员的尊重。教练员要想做好领导工作，最重要的工作就是从运动员的角度出发，深入了解他们的需求并在合理范围内提供服务。一位优秀的运动员必然有着积极乐观的态度，热情对待每一位运动员，当运动员在训练过程中出现问题时，耐心地予以指导，相信运动员，支持运动员，这样他们才能获得运动员的尊敬。

二、职业道德阐释

教练员以运动员为工作对象，产品是运动员的运动成绩，其工作的特殊在于产品具有物质和精神双重属性，即教练员的工作职责不仅是提高运动员的体能，更为重要的是促进其心理和智力发展。教练员的职业道德与教练员的工作性质相契合，是教练员在长期的执教过程中形成的系统性的观念体系，包括道德观念、行为规范和思想品质，具有相对稳定的特性。现代体育要求运动员具有良好的体育道德，而体育道德是一种意识形态，内化于运动员的思想中，无法被直接感知，只有在竞赛场上通过运动员的表现才能得以外显。良好的体育道德固然离不开运动员的自律，但更为重要的是教练员的培养和教育。引导运动员树立良好的体育道德是教练员的职责之一。

任何专业都有其特有的道德准则和行为规范，这些规范和准则对于专业的持续发展起着不可忽视的作用。专业性职业以“行规”作为管理准则对从业人员实行管理。相比于其他职业，教练员职业与社会道德的联系更加密切，教练员不仅要遵循体育竞赛规则，还要遵守体育职业道德规范。教练员的专业精神需要不断加强自我约束建立规范的职业伦理和行为准则，以确保教练员的职业道德得到自觉接受和严格遵守。教练员在职业上的自觉遵守，体现了他们对社会规范、价值和目标的高度认同。教练员必须遵循职业道德规范，这是一种必然性和规范性的约束，以确保其合法性和规范性。教练员职业道德所体现的主体性理解，是对其行为自然性和顺应性的自我要求，彰显了教练员作为一个高度自主、自觉、自为、自律的个体的本质特征。衡量教练员是否成熟的一项重要标准是教练员是否将职业伦理要求转化为个人道德追求。

教练员应当将其内在的道德规范转化为内在的情感和行为习惯，以确保其行为符合规范。对于教练员而言，一定要深刻认识到所从事工作的重要性，不仅要有崇高的理想和追求，爱护运动员，时刻关注运动员的情感和行为，有着强烈的进取心，希望赢得胜利的决心，更需要具备不畏艰辛、踏实肯干的精神，有着不争名夺利、吃苦耐劳的高尚品格，有着实事求是、言行一致的工作作风，无论遇到何种困境都不抛弃、不放弃，具有百折不挠、顽强拼搏的精神。教练员要成为优秀运动员的知心朋友，尊重运动员的人格，针对运动员的具体情况采取科学合理的教育方法，只有这样才能获得运动员的尊重；反之，如果教练员缺乏同情心，并未将运动员放在平等位置，肆意谩骂、侮辱运动员，教育方法与运动员的实际情况相脱节，言辞粗鲁、知识匮乏，则很容易与运动员产生矛盾。教练员能否得到运动员的信任，是否具有必要的道德威信受多种因素的影响，而教练员是否具有良好的道德品质和行为规范则是重要因素。因此，加强教练员的道德品质有着十分重要的现实意义，这就要求教练员在训练实践活动的基础上，不断加强学习，提高道德认识，全面提升职业道德。

教练员尊重运动员，必然会获得运动员的尊重；教练员尊重运动员，也会使运动员尊重他们自己。教练员在期望运动员为队伍尽心尽责之前，自己必须首先作出表率，教练员培养运动员责任感的有效措施之一就是身体力行，以自己的实际行动感染运动员，教练员诚挚和努力的工作可以影响运动员对队伍的热爱。教练员总是要求运动员努力做到最好，热爱自己的项目、刻苦训练、坚持，实际上，要求运动员做到的教练员也需要做到。但是有些教练员却并不是如此，教练员要求运动员的和自己做的是两回事，以身作则只是口头上的，如此对运动员指导也不会达到理想的效果。

教练员和运动员是伙伴关系，共同组成运动队完成队伍的梦想——争取获胜，他们需要合作，寻找新的和好的方法促进运动成绩的提高。像任何一个伙伴关系一样，如果一个合作方不能继续对队伍的成功和进步有帮助，这种伙伴关系就会崩溃。教练员无私地教育和训练运动员，不能是自我的追求荣耀，不能以运动员的成绩作为自己获取私利的垫脚石。如果处于这样的价值观中，那么教练员就可能在训练和比赛中只想着获胜，或者会置运动员的伤病于不顾而只要求成绩。

三、意志品质解析

如前所述，教练员职业的繁重、精神的压力、紧张的工作、单调的生活、人际关系的复杂，决定了教练员需要有坚强的意志品质。

教练员职业道德和敬业精神的培养有赖于意志品质的塑造。意志是心理学上的专用术语，指的是个体自我认知的心理过程，每个人都有着想实现的理想和目标，为了实现目标，脚踏实地去奋斗，克服各种艰难险阻，并根据情况及时调整行动计划。有关研究表明，教练员的认知因素和个性倾向都会对这种心理过程产生深远的影响。在运动训练中，内部因素如教练员、运动员和训练方法的变化以及外部因素的干扰和影响，使得训练过程始终处于不断变化的状态。因此，教练员需要具备优秀的意志品质来应对。教练员的意志品质主要体现在坚韧性和果断性方面。

坚韧性有着多种称谓，如耐受力、抗压力、自我控制力、意志力等。坚韧性是教练员取得成功重要因素。教练员应当深刻理解自己工作的全部意义，愿意付出自己的一切，并拥有不屈不挠的毅力，为了达到目标不懈努力。一名优秀的教练员必须具有明确的目标、坚定不移的行动以及勇于克服各种困难的精神。教练员具备的坚韧性品质，能够使其在极端艰苦或不利的环境下，克服自身和外部的挑战，坚定不移地完成所从事的任务。

果断性这一意志品质与自信心密切相关。一名优秀的教练员能够在错综复杂的情境下，抓住机会，果断行动，特别是在比赛条件困难、情况多变的情况下，这种能力更加难能可贵。相反的是，有些教练员表现出犹豫不决、观望迟疑的态度，或者未能正确地分析形势，草率地作出决策，贻误战机，甚至丧失比赛的主动权，这都是逃避困难、意志薄弱的表现。

第三节　知识结构

一、教练员知识概念解构

不同专家和学者基于不同的研究角度对知识的内涵和外延进行了不同层次的探究，其中知识是人类在社会实践的过程中所获得的认识和经验的总结，这一观点得到了大多数学者的赞同。知识有着丰富的内涵，不仅包括人类认识自然、社会，改造自然、社会中所获得认识和经验，还包括人类在挖掘自身潜能、开发智慧过程中所获得的认识和经验。在传统哲学观点中，知识被定义为对客观事物的属性和联系的反映，是人类大脑中对客观世界的主观感知。认知心理学认为知识是人类大脑内部的一种状态，是由主体和客体之间的相互作用所引发的知觉建构，个体通过与周围环境的互动而获取信息，每个人对世界的理解和赋予的意义都是独特的，每个人都基于自身已有的知识经验（认知结构）来理解和建构现实。知识不仅包括陈述性知识，解释“是什么”的疑问，同时还包括程序性知识，如回答运动领域如何提高体能、智力领域如何开发智力等“怎么办”的疑问。

传统的广义知识观将知识划分为两个主要领域，即基础知识和基本技能，这两个领域共同构成了知识体系。传统的广义知识观将知识分为基本知识和基本技能两大部分。现代认知心理学的知识分类体系将知识分成两大类（陈述性知识和程序性知识）和三个亚类（陈述性知识；用于处理外部事物的程序性知识，即智慧技能；用于对内调控的程序性知识，即策略性知识）。两大类涉及知识的本质、不同知识的表征形式；三个亚类对应于通过外显行为表现出来的不同能力，反映不同的学习结果（图 2–3–1）。

- 广义知识
  - 陈述性知识 —— 狭义知识
  - 程序性知识
    - 用于处理外部事物的程序性知识 —— 智慧技能
    - 用于调控自身认知过程的程序性知识 —— 认知策略

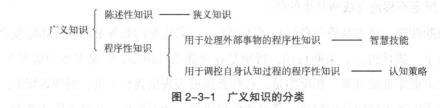

图 2–3–1　广义知识的分类

陈述性知识：探究事物的本质及其相互关系的知识，用于回答“是什么”的问题。

程序性知识：探究完成某项任务所需的行为或操作步骤的知识，以解答“怎么办”的问题。

策略性知识：探究如何最大限度地提高学习效率，提高智力水平，是将陈述性知识和程序性知识应用到学习中，以提高记忆力，解决学习中遇到问题的一般方法。

现代广义知识观的最显著特征在于其涵盖了我国传统的知识概念和传统的能力概念，既包括以显性知识为主的知识系统，又包括与隐性知识相关的各种学习方式。广义知识观认为人类后天习得的所有能力和智力都属于知识的范畴，“人类后天习得的能力都是由知识构成的”。

我国传统的知识观和认知心理学有着显著差异，如认知心理学认为广义知识有着丰富的内涵，技能、经验和能力是广义知识的重要组成部分。我国古人则认为知识和技能都是能力的基础。

本书借鉴了我国传统知识观和现代广义知识观众的合理成分，从教练员的实际出发，将教练员的个体知识结构分为以下四类：信息知识、方法知识、经验、技能。这四类知识与传统知识观和认知心理学的广义知识观的对应关系如表2-3-1所示。这种分类既考虑到传统的知识观，没有将能力划分到知识结构中，也吸收了现代认知心理学的分类，将方法知识、经验、技能纳入知识结构中。教练员知识结构是教练员基于学习和实践的主观建构与整合。

表 2-3-1　三种知识分类的比较

广义知识的分类	传统知识观	教练员知识结构
（1）陈述性知识	（1）基本知识	（1）信息知识
（2）智慧技能	（2）基本技能	（2）方法知识
（3）认知策略		（3）经验
		（4）技能（智慧技能和动作技能）
	能力	能力

二、教练员知识结构分析

（一）信息知识

信息知识是指教练员在入职前后所学到的各类陈述性知识，如人体解剖结构知识、运动竞赛的规则、裁判手势所代表的含义、训练中准备活动的内容等，信息知识大多属于理论知识。

研究人员对于教练员应掌握的信息知识进行了深入的调查，结果发现，专项训练和比赛知识被认为是最需要掌握的信息知识，其次是专项规则和裁判知识，最后是运动生理、生化知识和运动心理学知识。除此之外，教练员还应掌握专项选材知识、医学营养和体育保健学知识、人文知识等。

（二）方法知识

尽管教练员在授课过程中遗忘了许多陈述性知识，但其中许多思想性、方法性知识却在他们的思维中沉淀下来，这些知识在训练实践中能够根据已有知识解决具体问题的方法知识，也就是所谓的方法知识。在训练过程中，教练员基于对准备活动作用的深刻理解，掌握了如何精心策划和安排准备活动的技巧；当运动员进入运动状态时，教练员会知道什么时间该休息、何时该做放松练习以及怎样控制心率和血压等。又如，尽管教练员未能明确掌握血乳酸值的正常范围，但他们深知运动员训练后肌肉酸痛一般是由于乳酸引起的。这一类知识具有实际应用的价值。

（三）经验知识

虽然科学的监测指标非常客观，但是面对复杂的训练环境教练员需要根据经验作出判断并决断，经验来自经历、思考和智慧。

教练员在运动员的职业生涯和教学实践中所获得的经验知识，既可以是他们亲身经历或体验过的直接知识，也可以是从前人的研究成果中获得的间接知识。教练员的决策能力受到多种因素的影响，而经验知识在其中起着不可忽视的作用。经验知识是教练员从事教学训练工作必备的素质之一，也是构成教练员科学知识系统不可或缺的重要组成部分。它不仅涵盖了实践操作的动手经验，还包括开动脑筋积极思考获得的动脑经验。有关研究表明，经验知识有助于教练员准确判断运动员的状态，优化训练过程。竞技运动赛场瞬息万变，掌握比赛的主动权，赢得比赛是教练员的重要工作，需要教练员根据比赛情况作出正确的决策，要想作出正确的决策，必须拥有丰富的经验、广泛的阅历以及深刻的体会，这样才能确保对问题的判断具有较高的精准度。

教练员的职业发展需要融合科学文化理论和运动训练理论方法，并强调通过亲身体验进行运动训练，这是任何一本书都难以提供和领悟的。随着运动训练科学化进程的不断推进，单纯依靠经验式训练已经无法满足训练工作的需求，现代运动训练的主要特点是将科学训练与经验训练有机结合，这一点已经形成了普遍共识。

（四）技能

从本质上来说，技能就是一套控制个体行为的操作程序。技能是一种以知识为基础的活动方式，其形成有赖于坚持不懈地练习。在形成某种技能之前，人类大脑中储存的是陈述性知识，而在经过反复练习后，高级技能则形成了程序性知识，这些知识难以通过语言来描述。因此，技能不是由一个固定不变的概念组成的，而是一种动态地发展变化着的认知结构。将技能归类于知识结构而非能力结构，是因为在实践中，知识具有工具的属性，而能力则具有操作和操作知识的属性。在解决问题的过程中，技能与知识一样，都有着鲜明的工具性特征，而不具备能力的运作特征。

技能的实现不仅依赖于内在的智力操作，还需要外显的机体动作来实现运动技能。教练员在长期的运动员生涯中所掌握的运动技能，不仅包括外在的机体动作技能，而且可以通过示范直接传授给运动员，从而提高其运动水平。除此之外，教练员将运动技能概念存储于大脑中，这样当运动员在训练过程中出现问题时，可以及时用语言指出问题，分析技术动作，进而纠正错误动作。

第四节　能力结构

知识是人类实践的产物，要想使知识发挥应用的作用离不开聪颖的智慧。智慧就是人类将从生活或书中学到的知识灵活运用到社会实践中的能力。对于教练员来说，智慧就是他们感知能力、记忆能力、想象能力以及逻辑思维能等方面的综合体。智慧并不是凭空出现的，它是教练员在掌握知识、运用知识的过程中逐渐形成的，是教练员决策能力中不可或缺的重要组成部分。教练员可以通过优越的感知，自觉地观察和分析局势发展的微小变化特点，从而概括局部和全局，快速而准确地作出大胆而细致的决策，并坚决果断地付诸行动。良好的记忆能力可以促进信息的储存，全面而精准地搜集素材，丰富自身的知识积累。丰富的想象力和严密的逻辑思维能力有助于教练员根据客观实际需要，积极主动地探索新的领域。教练员决策能力的高低同他们是否具有丰富的经验有着直接的关系。如果教练员对于专项运动有着深刻的理解，有着广泛的阅历，面对错综复杂的局面，能够作出准确的决策。

情绪是影响教练员决策能力的又一重要因素。情绪是可以控制的，是掌握在有智慧的、能力高强的教练员手中的。果断勇敢、自制顽强是能力高强的教练员所具备的品质，而优柔寡断、踌躇不前、瞻前顾后，都会错失良机。

一、教练员能力概念解构

能力是心理学中的专业术语。在传统心理学中，能力被定义为一种个性心理特征，这种特征是人类能够成功地完成某项活动的必要条件。该定义得到了很多专家学者的认同，他们在阐述能力的概念时就会引用上述定义，但实际上该定义将能力局限于心理层面，而忽视了身体层面，具有一定的片面性，特别是在描述教练员这种涉及身体活动性质的工作时，使人感到该定义还是有失偏颇，低估了能力的意义和价值。从实践中可以发现，在很多情况下，能力并不等同于个性心理特征。如为了能使运动员准确理解动作的技术要领，教练员经常要为运动员做示范，这种动作示范能力，就无法用心理特征来解释。

本书将教练员的能力定义为“顺利完成某项活动的实际本领和熟练水平”。尽管该定义存在一定的模糊性，但其易于理解的特点以及涵盖的多种因素，使其具有广泛的适用性。一项活动，可以是单纯的智力活动，也可以是涉及身体运动的活动；本领，实际上是人们对能力的另一种称谓，是指一种特定的方法和技巧，或者是通过训练而获得的特殊技能；在进行某项活动时，人必须达到娴熟的水平，即使反复操作，其能力水平都应该保持稳定和熟练，不能出现明显的差异。

完成一项活动需要多方面的条件，包括有利的客观环境和主体自身的知识、能力等主观条件，而能力则是这些要素中不可或缺的一部分。纵观古今中外的优秀的人才可以发现，能力在社会实践中发挥着重要作用。能力是多种复杂因素的组合，包含多种子能力，但这并不是说，它是简单的结构和诸要素之集合。事实上，能力是由多种子能力相互组合而成的复杂系统。

能力是一个不断进化的概念，这里所指的并非能力概念定义会发生变化，而是指个体的能力并不是固定不变的，而是会随着其知识、技能、实践操作的熟练性以及对事物的认知水平的提高而不断提升，也会随着社会环境和执教行为的变化而不断调整。一位初入职场的年轻教练员，尽管他拥有丰富的知识储备和熟练的运动技能，但他的执教能力不一定很高。随着工作时间的推移，他的执教经验日益丰富，执教能力也逐步提高。由此可知，个人能力的提升与经验的积累密不可分。

二、教练员能力结构分析

根据对教练员角色特征和工作特点的深入分析，我们可以得出结论：教练员必须具备多种能力，而“多能”则是实现其工作任务和创造工作价值的重要前提条件。随着客观环境和自身条件的不断演变，教练员的能力结构也在不断地演进和发展。

心理学家经过深入研究，发现能力是有结构的。既然是有结构，势必会出现层次，每个层次都由一系列特定的因素构成。

英国心理学家斯皮尔曼在对多种职业进行深入分析的基础上提出了二因素说，即人的能力由一般因素（G 因素）和特殊因素（S 因素）组成。一般因素不仅是个人的基本能力，更是所有活动的共同基础，每个人都拥有这种能力，尽管其大小不尽相同。教练员的能力也由一般能力和专项能力构成，本书侧重于研究教练员的专项能力，而包括观察能力、记忆能力、判断能力等在内的一般能力并未进行深入的分析。在此，我们聚焦于教练员特殊因素，即教练员在专业运动训练、职业学习和执教经历中所具备的独特能力，这些能力不仅是教练员从事工作所必需的，也是教练员与其他行业人员区分开来的关键。

（一）教练员能力结构三维体系

借鉴前人的研究成果，根据调查教练员所得出的情况，将教练员的能力结构分为以下三大类：

1. 专业能力

专业能力包括对执教项目的理解能力、对球员竞技水平的判断能力、制订训练计划能力、专项训练能力、选材能力、比赛指挥能力、反馈评价能力、决策能力。此分类是根据教练员的表面化、现象化的工作分类来区分的。

2. 行动能力

行动能力包括队员组织能力、教育能力、人际沟通能力、激励能力、表达能力、自我控制能力。此分类是根据教练员多样化、复合化工作结构来区分的。

3. 发展能力

发展能力包括学习能力、反思能力、应变能力、创新能力。此分类是根据教练员提高、进步、发展的工作要求来区分的。

三类能力既各自独立，又相互包容、相互联系、相互交叉。例如，专业能力中的训练能力既包含行动能力中人际沟通能力、激励能力、表达能力等子能力，也包含发展能力中学习能力、反思能力等子能力。这样就形成教练员能力结构的三维立体体系（图 2-4-1）。

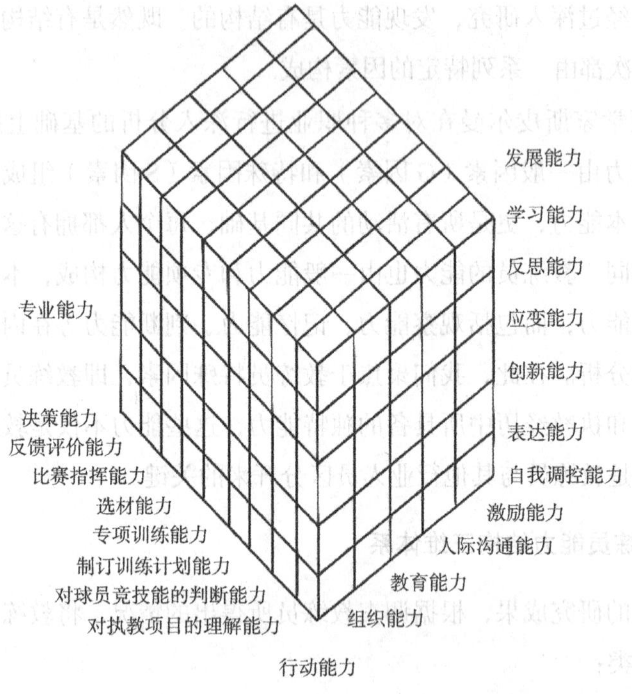

图 2-4-1　教练员能力结构三维体系

（二）教练员能力结构层级体系

上述三大类能力中每一类均包含多个子能力，而每个子能力又进一步包含子能力，形成能力结构的层级系统。例如，专业能力中专项训练能力包括选用训练内容能力、选用训练方法手段能力、技战术指导能力、语言表述能力、动作示范能力、纠正错误能力。这样就形成教练员能力结构层级体系（图 2-4-2）。

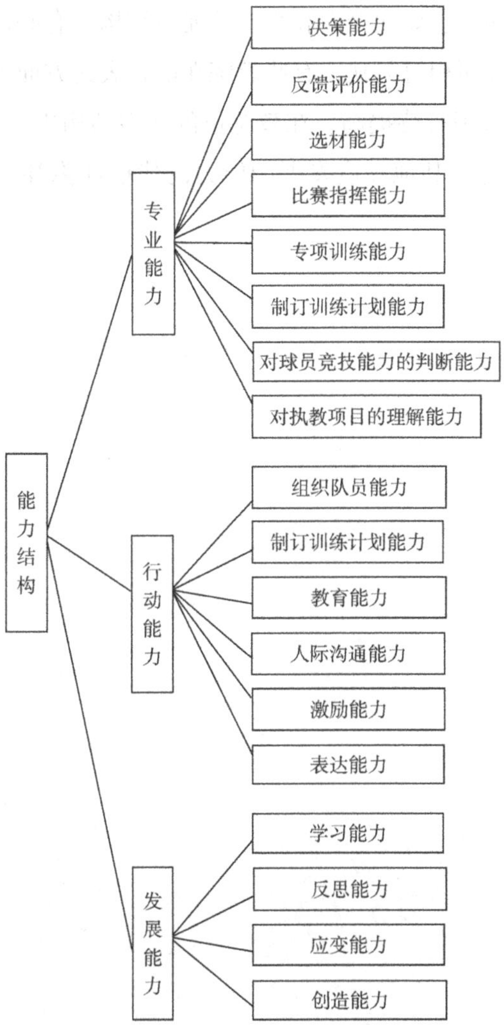

图 2-4-2　教练员能力结构层级体系

教练员的能力结构是一个由多个序列、多个层次和多个要素构成的复杂体系，这决定了其结构的多样性、整体的复杂性、个体的差异性以及整体效应的不确定性等特征。在这一体系中，教练员的执教工作受到各种能力因素的相互交织、相互激发的影响，任何一个方面的疏忽都可能对其产生负面影响。因此，我们必须重视教练员综合素质的培养。只有通过全方位的发展，才能最大程度地发挥教练员整体结构的优势，从而实现执教水平的全面提升。然而，在实际情况中，很难找到一位教练员能够拥有如此全面和平衡的能力结构，有些教练员的训练能力较为出色，但在管理方面相对欠缺；有些教练在语言表达方面表现出色，而有些教练员的语言表达能力则有待提高。在教练员的能力结构中，存在一些弱势能力，这些能力可以被视为对其他高度发展的能力的代偿性弥补，以促进总体能力的提升。

第三章　教练员的专业化发展

教练员专业化已成为全球教练员发展的大势，也是竞技体育发展的必然趋势。在现代社会中，教练员培养的目标在于具备高度专业化水准，以确保他们能够胜任相关工作。教练员的专业化是对其培养和管理模式的演变和变革的反映，体现了教练员与培养管理机构之间的革新，隐含着教练员地位的演变。因此，研究教练员专业化问题对于我国当前教练员队伍建设具有重要意义。在本章中，我们深入探讨了教练员专业化的演进历程，详细剖析了教练员专业化的内涵，深入研究了教练员职业专业化的独特特征和未来发展。

第一节　教练员专业化概念

一、教练员职业与教练员专业化

（一）关于职业、专业及专业化

在不同的研究视角下，对职业的理解和认识也存在差异。从各类社会学家在理论中表达的观点来看，职业是一种社会劳动，它与劳动者自身能力有关，包括个人素质和家庭背景等。它是获得收入的主要途径，人们在获得收入的过程中承担了社会责任和义务的同时，也积极履行了自己的义务，为社会作出了贡献。因此，职业不仅可以作为个人生活方式和人生目标的体现，而且还能够影响个体心理发展和人格完善。不同职业之间存在着差异及分层次性。

在教育学的范畴中，“专业”一词通常被用来描述高等学校等培养高级专业人才的基本单位，这个单位由一系列专门的培养目标和课程体系构成。这个概念已为人们所熟知，但它的内涵则很少有人了解。在社会学的范畴中，专业是一种专门性的职业，其复杂性需要经过高等教育的专业化才能实现。

尽管不同国家的学者对专业特征指标的理解存在差异，但它们的核心理念却是高度一致的。我国学者在综合国外相关研究的基础上，提出了一个综合性的论述，即一个职业是否能够被称为专业，取决于其是否具有与职业性质相关的综合性要求，而非单纯的学历或业务要求符合与否。因此，公认的专业必须具备三方面的规定：第一，专业性的理论实践，必须以专业理论知识为基础，以专业技能为保障。所以在担任专业职务之前，从事相关工作的人必须接受符合规定的专业教育，以确保其专业素养得到全面提升，其专业知识和职业技能都要经过严格的培训，并通过相应的考核才能获得独立专业资格。第二，作为一项专业职业，我们必须承担起社会责任，将社会利益和服务对象的利益置于首要地位，这也就意味着从业人员的职业道德要求必须达到较高的水平。第三，作为专业的职业具有一定的独立性和自主性，在这一行业里能够拥有自主权。每个研究者展开研究时，所处背景不同，切入的视角也各不相同，所以他们在对专业领域进行定义时观点很难达成一致。但对专业问题的研究却并不会因此受到影响，因为专业领域一直在变化发展，概念也持续地完善、深入。

一些西方国家在对一个专业的特征进行描述时，经常会把已经成熟的一些专门性职业（例如医生、律师）的特征作为参考标准。在这种情况下提出的特征较为理想化。这些专业模式确实为职业专业化提供了理想的目标，使得那些被归为“半专业”或“准专业”的职业得以朝着专业化发展。专业化就是一种持续不断的、具有阶段性特征的过程。

（二）教练员职业的发展及其专业属性

尽管职业体育早已兴起，教练员作为一种实际存在的社会职业也有很长的历史，但直到 20 世纪 50 年代，教练员的职业地位才开始在制度和法规上得到认可。从 20 世纪 60 年代中期开始，全球范围内出现了教练员职业化的趋势。最初表现在开始聘请经验丰富的国家队教练，他们将全职为球队服务；其次，推行教练员注册制度，以确保职业教练员的合法性；另外，实施统一的教练员考试制度和等级制度，这是将教练员的职责和职业合法化的一项重要措施。我国现代教练员职称评定工作起步较晚，但发展很快。在新中国，教练员的职业发展几乎与专业竞技体育制度同步，教练员职业制度的确立也并非渐进的，而是直接完成的。1957

年，中国才开始开设“体育与运动”专业，这标志着该领域的发展进入了新的阶段。在当时的观念中，教练员、运动员和优秀运动员之间的差异被视为次要因素，因此统一被视为基本原则。未来，无论是从事教师还是教练员工作，首要任务都是成为一名优秀的运动员。因此，新设立的“体育与运动”专业的培养目标在于培养具备专业技能的教练员、运动员和教师，课程设置也以专项训练为主导。自1958年起，专业设置开始以运动项目为基础。由于我国独特的历史背景，教练员职业的确立和培养、培训在早期并未达到高度职业化的水平。

根据上述专业性职业特征所确立的专业标准进行对照，可以判断教练员的职业是否符合专业标准，也就是说，是否应该将教练员的职业看作专业。国内外对教练员的职业性质有不同理解。中国更愿意称其为专业，在一些学者看来，教练员就是在运动团体中进行教育训练工作，以培养和指导运动员参加运动竞赛并且取得优异成绩的专业人士。

这实际上更多地强调了教练员应该具备职业性。职业的专业性，仅仅是一种理念，它也不能真正反映教练员在职业上的实际地位。在现代社会中，体育专家已不是单纯从事训练或比赛工作的人了，他们还必须具备一定的理论和技能。此外，即便是某些文件的定性，也无法取代学术论证的重要性。学者们通常以较为成熟的专业标准来评估一种职业的专业地位和专业属性，以确保其专业性和专业性的可靠度。判断一种职业是否可以被归类为专业，我们可以从实践经验和对从业人员的要求两个方面进行分析和评估。从专业性工作实践的角度来看，训练工作需要的专业理论知识、技能，或者运动训练工作承载的社会责任、利益等，都与专业性职业工作实践要求相适应，也就是说，运动训练工作可以归为专业性工作。然而，从对从事专业工作人员的要求来看，教练员这一职业仍然难以被归为专业。

近几年来，国外教练员呈现出职业化的趋向，他们用很多方法增强教练员培训工作，培训层次表现出按层级逐渐递增、提高的趋势，不过职后培训依旧在其中占主要位置，对职前系统以及专门的教育层次的要求则不高。这就与专业从业人员在入职以前必须进行专业教育这一规定的要求不符。如今，竞技体育职业化发展迅速，在这种大趋势下，依旧有一些国家把教练员这个职位并入专业人员的范畴。中国运动员退役后直接进入教练员队伍已经不是稀奇的现象，而高等体育院校的运动系毕业生中，只有不到五分之一的人进入教练员岗位。这一现象的出现，除了其他因素外，也可以归因于对教练员职业特性、所需知识和技能的认知不足。

从教练员教育或培训的视角来看，若说教练员职业的专业化仍是初级阶段，那么中国的教练员教育还没有建立起真正使其走向专业化之路的“教练员专业”，并且缺乏适应该专业特点的课程结构体系。

（三）教练员的专业化

专业是一种独特的职业，它要求从业人员达到一系列公认的“专业”标准，这是一个不断努力的过程，也是“半专业”或“准专业”不断提高专业化程度的过程，也是专业发展的过程。尽管教练员职业在性质上属于一种独特的专业，但其专业水平并不尽如人意，因此必须进一步提升其专业化水平。教练员专业化发展或专业发展的过程，是不断提升自身素养和技能水平，实现自我提升的关键所在。专业达标与否需要标准来衡量，但这一标准却并不固定，也不容易达到，同时还有一些体育训练工作的独特之处。教练员的专业发展因此被多方要素制约，呈现出主体配合、多内涵、多阶段等特点。目前，如果想提升某个职业的专业化，经常会把社会学家总结出来的专业化模式作为引导，借助完善专业知识技能、提高职业的社会地位、提升专业标准等方式来推动专业化的发展进程。

职业专业化的推进需要从多个角度入手，但要提升职业社会地位和从业水平，必须同时满足两个基本要求。鉴于我国的国情和历史背景，教练员职业在社会和经济上的地位应当不亚于其他职业。然而，其从业条件和从业者所需的实际知识和技能，特别是作为专业人员必须具备的综合科学文化素质，仍然处于较低的水平。因此，提升教练员职业专业化水平的关键在于加强对该领域的深入研究和探索。随着时间的推移，人们慢慢认识到，尽管教练员的地位提升至关重要，但更为关键的是从业人员的专业素养和工作专业化水平的提高。在现代竞技体育中，教练员不仅要完成自己的职责和任务，而且还要通过不断学习来完善自我。显然，教练员的专业化应从教练员的培养入手。[①]

① 王健．体育专业课程的发展及改革 [M]. 武汉：华中师范大学出版社，2003.

二、教练员专业发展及教练员教育的专业化取向

将运动训练工作视为一项专业工作，同时将从事训练工作的教练员职业视为一种专业职业，也就是专业。从这个意义上说，教练员的职业化与专业化是不可分割地联系在一起的。教练员的专业成长是提升训练工作专业化水平的关键所在。从本质上讲，教练员专业的提升主要依赖于其自身的不断努力和探索。在当今强调竞技体育可持续发展的背景下，我们的理念在于推动教练员职业的专业化发展。教练员专业发展有哪些内涵？鉴于教练员职业被视为一种专业性职业，其专业化水平尚未达到较高水平，因此，其专业发展应当具备一般专业性职业发展的特征。所以，教练员专业发展的内涵在于将训练工作看作一项专业任务，将教练员看作一个不断成长的专业人才，需要持续的学习和探索来扩展其专业内涵，提升专业能力，进而达到专业成熟的境界。在这一意义上，教练员的发展需要关注两方面：第一，教练员的专业发展需要经历一个由初级阶段到高级阶段的逐步发展过程，这是教练员作为专业人员必须经历的重要阶段。这就要求我们在对其进行研究时不能只停留于理论上，而应从实践中来探讨这个问题。尽管教练员接受了一系列职前教育或培训并取得了上岗资格证书，但这并不能证明他是一位成熟的训练专业人员，换言之，他的专业发展空间没有限制，只是会相对地成熟。所以，在这个意义上说，他还没有真正地成为一名成熟的训练专业人员。第二，教练员的专业成长强调教练员作为一名不断发展的专业人士，它发展的内涵涵盖了多个方面和领域，包括一般科学知识和专业知识的积累、技能的熟练和能力的提高，以及态度和情感的转变。教练员专业的发展是一个多层次、多内涵的、不断演进的过程，对其进行深入探究可以从其发展阶段和内涵两个方面入手。

由于教练员的专业成长是一个多层次、多内涵的不断发展过程，因此，我们应该为教练员的教育提供全方位的支持和帮助。所以，随着时代的变迁，教练员教育的专业化理念也逐渐浮现。教练员教育专业化（取向）概念，旨在规范和实施教练员教育方案，与训练工作这种专业性较强的工作的特点以及教练员专业发展的需要相符。如果把专业化视为目标，那教练员的教育就必须以能促进教练员专业成长的学科为基础，专业人士一定要具备自身特有的学科知识及素养。但由于体育科学还不像体育制度，尤其是竞技体育的地位一样稳定。所以发展、完善

一些对教练员专业地位的维持有益的学科，成了教练员教育专业化需要克服的困难。虽然如此，这并不能成为阻碍教练员教育专业化的理由，反而应成为发展体育科学尤其是运动训练学学科体系、促进教练员教育专业化的动力。[①] 从某种意义上说，教练员教育专业化不仅需要加强对其自身知识结构和能力结构的调整与优化，更重要的是在此基础之上形成有利于提高教练员整体素质的完整系统。因此，必须高度重视教练员专业发展及其教育专业化的体育科学体系（特别是运动训练学学科体系）的发展与完善，以构建一体化的教练员培养制度，将岗前（职前）和岗后（职后）教育有机结合。

三、教练员教育专业化取向的行动策略

教练员教育专业取向理念的贯彻，需要在建立岗前、岗后一体化的教练员培养制度的基础上，进一步拓展至高等教育范畴中的“运动训练”专业，以实现教练员培养的使命。所以为了被视为具备专业素养的人，必须接受系统化的高等专业教育。高等教育的专业体系是由一系列特定方向的课程构成的实体，这些课程资源来自相应的学科。因此，实现教练员教育专业化取向的理念必然需要解决与运动训练专业相关的学科和课程问题。因此，在这里，我们首先需要明确什么叫作专业化。专业人员需要接受专业化或专业性的高等教育，因此，教练员教育的专业化发展需要建立在一定的学科基础上，并将这些学科融入相应的专业教育课程体系里，体现出专业教育特点以及专业存在的原因。因此，在我国现行的普通高校招生考试制度中，作为体育类高等学校主要培养目标之一的“教练员”专业无疑也应具备这样一种属性。尽管有人建议设立“教练员专业”，但不管是从其课程体系还是相应的学科体系来看，该专业的专业性并不显著，所以人们经常批评其与同类“体育教育”专业的课程体系并没有本质差异。究其原因在于，在我国目前的高校中，教练员专业涉及的课程太少，而作为一个专门培养从事体育竞赛组织指挥工作的专门人才的高等学校则更少。我们推测，除了体育科学的综合性和不成熟性之外，教练员这一专业性职业的特性认知不足也可能是导致这种情况的原因之一。事实上，随着社会经济的飞速发展，教练员已成为现代体育事业

① 田麦久，武福全．运动训练科学化探索 [M]．北京：人民体育出版社，1988.

不可或缺的一个组成部分，在我国体育竞技水平不断提高的过程中也越来越显示出其重要性。尽管教练员职业的高度专业化仍需一些时间，但我们应该将教练员教育的专业化方向作为我们的信念。为此，我们应该在充分理解教练员职业化内涵的基础上，建立一个较为系统而又切实可行的教练员教育模式。就当前情况而言，除了对教练员相关制度（如资格认定、入职要求、职位提升等）进行改革和完善外，我们应该采取更为实际的行动策略。首先，通过广泛、细致的调查研究，对当今专业人员所需的教练员人才的专业知识、技能和综合素质结构进行全面、深入的分析。其次，为了实现培养目标向课程目标的有效转换，需要借助教练员基本规格作为中介，因为培养目标与课程目标并不等同。因此，必须在确立培养目标后，才能对课程内容进行重新设计和安排。再者，建立一个科学合理的运动训练专业课程框架，特别是明确专业课程和基础课程之间的关系，因为这两者的长期不明确性，影响了课程结构的合理性，同时也导致了该专业的专业性水平不尽如人意。所以，我们应在现有专业课程设置基础上重新进行调整和优化，从而使其符合运动训练学学科建设规律，并最终形成一个相对完整的课程体系。最后，推进运动训练学学科体系的发展和完善。通过对我国体育教学理论和实践研究现状进行分析，提出建立“大系统”式的体育教学理论体系。这是一项基本的行动策略，旨在实现教练员教育的专业化理念。

获得职业地位仅仅是获得专业地位的先决条件，而专业化发展的基础则在于职业化的不断推进。因此，只有从这个意义上讲，教练员专业化水平的提升才是实现其职业地位的最直接和有效的手段。为了适应运动训练科学化程度的提升，以及应对教练员科学文化素质对运动训练发展趋势的不适应和对竞技体育认识的深化，教练员专业化发展理念的提出是基于其职业化发展到一定程度的理性抉择。尽管这一决策的实施还需要相当长的时间，但它确实为解决教练员专业素养和综合素质不足的问题提供了更为根本的解决方案。

第二节 教练员职业专业化的特征及发展

一、教练员职业专业化的特征

从教练员的工作特征和角色可以看出，教练员工作涉及因素复杂、学科众多，但是在实际工作中，有些因素的影响作用可能不是很大。有些初级教练员可能不需要有很多的知识储备、不用关注众多训练因素也一样可以训练，一个哨子或一块秒表照样带出出色的运动员，一个没有什么运动经历的人也可以训练出世界级的运动员，马俊仁就是一个鲜明的例子。但是，有些技术性强的项目，如体操、跳水，没有多年的运动经历则难以涉足教练员这一职业。这反映了教练员行业准入的复杂性、宽泛性，教练员的工作是伸缩性很大的、准入门槛相对较低的行业。

职业是人们在社会中进行的一种谋生手段，它是随着社会分工的演变而形成的，并且随着分工的稳定发展而形成的每个人各不相同的工作方式，这些方式是人们维持生存的重要组成部分。职业是社会劳动分工的自然产物，是对劳动的归纳和分类，它体现为一种行业规范，是一种相对稳定的劳动或者说工作。职业的稳定性为个人积累职业知识和发展技能提供了机会。职业具有社会性和经济性特征。就社会角度而言，职业是一种由劳动者担任的社会角色，他们肩负着一定的社会责任及义务，并因此获得相应的报酬；就人力资源角度而言，职业是一种从事不同性质、内容、形式和操作的专门性的劳动岗位，以满足国民经济活动的需求。教练员作为一种特殊行业，其工作对象主要是人，因此也具有类似于一般劳动力的特征。教练员这一职业的兴起源于社会分工的演变，彰显了社会对其的需求。

从社会学范畴出发，职业（occupation，vocation）是个体在社会中进行的为生活提供经济支持的工作；专业（profession，speciality）指专门性的职业，是“专门职业”的简称，是受到专业的教育、训练，有层次比较高的知识、专门技术，并根据一些专业标准进行的复杂的职业。专业作为社会分工和职业分化的产物，是社会进步的象征。专业具有特定的性质和特点，它不仅要求掌握专业知识和熟练操作技能，而且还必须具备相应的职业技能。并非所有职业都需要特定的技能，因为职业并不代表专业。随着社会的不断进步和发展，职业分工日益精细化，更多的职业进入专业领域，专业化已成为社会职业发展的重要趋势，专业化程度也成为衡量职业成熟度的重要标志，教练员职业也不例外。

在20世纪90年代，欧洲体育科学、教育和职业网（ENSSEE）推出了一个名为“欧盟教练员资格认证五级体系”的计划，该计划于1999年在欧盟各个国家推广，并渐渐成为许多欧洲国家教练员资格教育的重要参考。为了将教练员课程与教练员行业的职业环境有机结合起来，优化大学和大学以外机构设置的教练员基础课程之间的关系，欧洲教练员协会（ECC）联合国际教练员教育委员会（ICCE）和多个国际单项运动协会，历时三年研发出全新的教练员一体化方案以及教练员示范课程，以取代欧盟五级体系，并在欧盟教育和职业资格认证体系内建立教练员教育体系和欧盟内部教练员资格认证体系。新体系以培养“全面发展”的体育人作为目标取向，强调教练员的综合能力，注重对教练员进行科学训练，超越单一视角。新体系将教练员的专业水平和执教表现紧密联系到一起，提倡平等对待参与型运动群体和竞赛型运动员，为教练员提供有效的教育和职业渠道，包括执教初学者（通常是儿童）、执教参与型运动人群（通常是青少年及成人）、执教后备人才和高水平运动员，揭示了教练员行业中职业发展的重要趋势，为教练员行业的职业标准化提供了框架。

尽管在对专业的特征指标或专业性的尺度的认知程度上存在差异，但总体而言，国内外对其基本精神的理解仍然比较一致，主要体现在以下六个方面：拥有系统完备的专业知识和熟练的专业技能；有较长时间的职业历程；具备专业的职业操守和道德准则；拥有自主决策权，能够依据自身专业领域进行判断和决策，而非听命行事；行业内存在着各种组织形式，如行会组织、学会组织等；终身学习。专业的职业实践一定要把专业理论知识作为基础，并且要掌握一定的专业技能，从事专业工作的人担任职位之前一定要进行规定的专业教育，有与专业适应的理论知识以及能力。在我国目前条件下，只有经过系统正规的职业培训，取得国家认可的相应职业资格才能成为专业人员。想要具备独立专业的资质，每一个专业都有与其他专业不一样的要求。专业职业承担着重要的社会责任，这就要求将社会以及服务对象的整体利益放在优先位置，也就是说，从业人员一定要有比较高的职业道德。在教练员这个行业中，专业的从业人士可以从自身对专业的理解出发，根据专业的要求处理职业内部的各项事务。

教练员这一职业具备上述专业的指标特性。从教练员专业实践的角度来看，他们的训练工作需要长期积累运动训练实践经验、专业理论知识和技能，还需要承担社会责任和利益，以及对运动员自主权和职业道德的约束，这些方面都符合专业性职业工作实践的要求，因此运动训练工作应被视为一项专业性工作。所以我们认为，教练员职业具有明显的专业性特征。然而，就目前而言，从事专业性职业的从业人员，尤其是专业人员，教练员的门槛较低，专业程度也不尽如人意。教练员的职业与“已确立专业”的要求之间存在一些差距，处于“准专业”、“半专业”或“边际专业”的状态，因此必须提高教练员职业的专业化水平，这一过程即为教练员专业化发展的过程。在此过程中，教练员的知识技能水平起着决定性作用。在现代体育社会中，教练员作为一种专门技术人才和管理人才，它的地位已经得到了广泛承认和重视，成为现代体育运动最重要的因素之一。许多专家一致认为，“教练员职业是一项专业性较强的职业”。

专业化（professionalization）是一种具有动态性和演进性的概念，它指在一定社会中，从事某种职业的人员，其必须具有较高的专业知识和专业技能以及相应的职业道德规范等方面的素质要求。当某一职业的从业人员需要具备更高水平的专业知识和技能，并且只有经过严格筛选的人才能获得该职位时，该职业的专业化程度将得到进一步提升。

现代运动训练科学化的发展要求教练员实现专业化，这是社会对教练员工作质量和效率提升的必然要求。教练员专业化水平高低直接影响着一个国家或地区竞技体育事业发展的进程。教练员的专业化是为了提升其在社会职业体系中的地位，这涉及竞技体育的可持续发展、教练员队伍的稳定及素质的提高、训练质量的保证以及人才培养的质量等各种问题。

二、教练员职业专业化的发展

在培训过程中，教练员的主体地位和作用得到了确认，他们的工作作为社会重要的专业和职业得到了认可，这是教练员职业专业化发展的过程，也是教练发展意义和可能被确认的过程。这一进程包括了从个人到团体再到国家乃至整个人类历史的各个阶段。因此，它是一个不断演进的概念，是一个不断加深的过程。

教练员的职业化与体育教育事业有着密切的关系，也影响着体育事业的改革和发展。教练员的职业专业化体现为三个方面：一是指教练员在不断自我学习的过程中，逐步提升自身专业水平，从而成为一名专业人才的发展历程；二是教练员群体的职业专业化水平得到提升、不断发展并确立的过程；三是指教练员群体与其他组织或个人建立良好合作关系并最终形成一种合力，促进整个行业持续稳定健康发展的过程。教练员职业地位的提升和确立是一个漫长而复杂的过程，只有当教练员真正成为一名专业人员，并得到社会的广泛认可时，才能真正成为一个专业人士。这三个元素之间存在着紧密的相互作用，彼此激发，共同推进。从教练员的个体专业化来看，这一职业的发展表现出多维度、多领域的特征。这就决定了教练员个人要不断地学习与提升才能胜任本职工作。教练员在从业过程中持续进行专业训练，不断完善自己的专业知识及技能，体现出了专业自主性，也表现出自己的职业道德精神，逐步成长为优秀的专业工作者。教练员的职业专业化是一种不断追求的目标，它代表着教练员职业正在向专业化的方向发展，这是一种动态过程，也是一种专业性质或状态的转变。探究教练员专业化的过程和目标，可以从两个不同视角进行深入分析。从过程看，教练员职业化与专业化之间存在着内在逻辑联系，两者具有统一性，但又有不同特点。教练员的专业化是一个复杂的系统工程，需要国家、社会、体育界以及教练员共同协作，逐步提升教练员职业的专业化水平和社会地位；从目标看，教练员职业真正成为一门专业，其地位的提升离不开教练员个人水平的不断提升。只有在教练员实现个体专业化的前提下，他们的职业才能达到专业化的水平。也可以从动态和静态两个不同的视角深入分析教练员专业化。从动态视角来看，教练员专业化是在不断地自我学习和自我提升的过程中，逐步成长为一位具备专业技能的从业者的过程；从静态视角来看，教练员的专业化是教练员职业真正实现专业化、成为专业人员并获得社会认可的结果。

教练员的职业专业化和专业发展并非同一个层次。教练员的专业成长是一个不断发展的过程，其中教练员的专业能力熟练程度从一般化向专业化转变，这是教练员职业能力专业化的过程，同时也是教练员个体专业能力进步的过程；教练员的职业专业化就是他们整体职业劳动性质的专业化，其中包括医生、律师等专业领域。教练员的职业专业化是建立在其专业发展的基础上的，随着教练员专业水平的提高，人们对其职业专业化的认可程度也随之增加。教练员的职业专业化为其专业发展提供了更加宽广的发展空间，从而更好地推动了教练员的专业成长。

教练员的职业专业化核心在于其专业发展，这是教练员以运动员的身份进行运动训练获得的运动知识、经验和技能，在专业训练教学中运用，慢慢提升自身执教水平，从而成为一个优秀的教练员专业工作者的过程。教练员的职业自觉意识和主动精神的体现，是时代发展对其提出的必要要求。从本质上说，教练员的专业发展是一种自我超越式的自我完善。该过程涵盖了多个方面，包括教学理念、动机、知识、技能、培训能力、专业态度、情感和行为规范等，是一个多层次、多内涵的持续发展过程。教练员的专业成长在于激发其个体内在的自我意识和主动性，注重其实践经验的价值，并强调通过深入研究将训练理论与实践相融合的重要性。

教练员的职业专业化发展需要不断提升自身的能力水平，以适应专业的不断演进和丰富的内在需求，同时深化和提高执教理念、专业知识经验和能力，不断拓展和创新专业发展意向，逐步实现执教行为的成熟和发展；它是在一定社会背景下，对运动员个人或群体培养过程中形成的一种特定的知识结构、技能结构以及相应的思维模式。随着竞技体育的蓬勃发展，教练员职业专业化不断演进，成为运动训练领域的专业人才，其作用日益凸显。教练员的职业发展经历了一个从被动到主动，由无序到有序，由不确定到相对稳定的漫长历程。教练员这一职业所包含的内涵十分丰富，因此从业人员需要持续不断地进行学习和探索，以拓展其专业领域，提升专业水平。

在不同的社会经济条件下，职业运动员具备的素质也不一样，这就要求我们必须建立起适合其特点的职业化制度来引导和推动运动训练的良性发展。推动和保障专业化发展的是一种积极的职业化制度，而滞后的职业化制度则会对专业化的提升产生负面影响。因此，要实现我国竞技体育的可持续发展，就必须建立起一支具有现代职业意识，专业技术全面，结构合理且能适应未来竞争需要的高水平运动队。教练员专业化的进展是其内在特质的显现，而职业化的进程则是其外在特征的确立。

某位教练员曾表示，我的专业是教练员，如果我不从事教练工作，那么我将无法发挥任何作用。这从一个角度证明了教练员工作的专业性。因此，我们认为，在我国现阶段，教练员是一项具有特殊意义的社会劳动，它与一般劳动者不同。因此，研究教练员专业化问题对我国体育事业具有十分重大的现实意义。专业化的教练员队伍是提高运动员素质、提高训练和管理水平的关键所在。

随着全球范围内新技术的不断涌现和竞技体育竞争的日益激烈，运动训练正朝着现代科学的新思想、新理论、新理念的方向发展，同时在积极探索现代科技的新仪器和新方法。这使得运动员的体能素质、技能结构发生很大变化。随着竞技体育进入现代科学化训练的新阶段，教练员的认知能力和知识水平得到了拓展，其训练领域和控制范围也得到了拓展，从而在一定程度上实现了对运动训练的系统化控制。随着科技革命的不断深化，特别是电子计算机等先进科学技术应用于体育运动实践后，运动员的体能素质结构发生了巨大而深刻的变化。在当今高水平的运动训练中，多学科知识的应用和高科技手段的支持已经成为不可或缺的因素，这显著提高了对教练员综合知识和能力的要求。因此，对教练员职业提出了更高的要求，而教练员的发展趋势则是朝着专业化的方向发展。

教练员的教学和管理在世界上那些竞技体育发达的国家中受到了严格的规范和约束。其中最重要的是对教练员资格的培训和认证。1965 年，美国建立了教练员资格认定制度，每次考试都要通过笔试、面试和实践考试，以全面考核训练工作的能力，包括制订和管理训练计划、预防和处理运动损伤、恢复训练、提供教育和咨询等方面。教练员的培训主要是由专门的机构负责，并接受政府拨款或社会资助。在我国，只有经过一定时间的专门训练才能成为优秀教练，而且要求必须先获得大学毕业文凭，还要具备教练员资格证书。

反思教练员职业的发展历程，从专业化的角度出发，我们可以深刻认识到其与其他专业性职业的差距，进而认识到提升职业水平、完善职人员素质以及健全职业伦理是教练员职业发展的核心要素。

第四章　教练员的学习发展与领导力提升

本章主要内容为教练员的学习发展与领导力提升，详细介绍了教练员的学习与发展以及教练员领导力的提升。其中教练员的学习与发展主要从教练员的学习，执教行为的反思与促进、创新与发展具体介绍，而教练员领导力的提升则涵盖含义、来源及提高步骤。

第一节　教练员的学习与发展

一、教练员的学习

学习是广义的，是从书本上、其他教练员、管理人员和运动员中学习，学习他们的语言、方法，将其转为自己的能力。教练员的学习包括学习与自我发展、培训、教育、认证。

随着竞技体育的蓬勃发展，提升运动成绩的难度日益加大，这使现代竞技体育对科技的依赖程度日益加深。科学训练理论的提出以及实践活动的开展使人们认识到了“以人为本”才是真正实现高水平竞技的根本保证。所以，提升教练员的教学行为科学化内涵已成为提高竞技体育的科学化水平的主要方法，这一方法源自对学习的不断探索和实践。教练员的学习过程涵盖了个性化、团队化和岗位培训三个方面，而教练员的个人学习则是构建组织学习和学习型组织的基石。

对教练员来说，学习不仅是一种行为，更是一种谦虚的态度，需要具备开阔胸怀和虚心的品质。学习可以帮助教练员建立正确的世界观，形成科学有效的训练模式，提升个人素养和组织水平。教练员的知识结构更新、能力应用提高、新的执教理念发展以及行为改善的促进，皆源于学习，学习也是教练员反思、促进、创新和发展的动力和基础。教练员的学习具有阶段性、连续性和动态性等特征，并以“自我超越”为主要途径。随着社会和竞技体育的急速演变，以及教练员职业的日益复杂和专业发展的迫切需求，教练员的学习过程必须持续不断地进行。

教练员渴望持续的成功，希望有源源不断的优秀运动员加入自己的队伍中，希望招录到潜力巨大的年轻运动员并经过自己的精心调教成为精英级运动员。成功的教练员在于不断地学习和进步，为运动员提供可信赖的支持，如果运动员想要做到最好，教练员也要努力做到最好。教练员的理念是持续的学习，不断地完善自己，能够给运动员以高质量的、新颖的训练和学习，能够吸引运动员学习，提高自己，能够给运动员以希望和挑战。教练员要永远向前看，回顾过去也只是总结经验和教训，目的是未来的成功。当然，最可能成功的基础是工作的努力，没有艰苦的工作投入是不可能成功的。

教练员要善于学习，积累资料、数据为训练服务。教练员要善于积累两方面的资料：一是训练本身的各种材料，特别是技术改进、战术发展、训练方法创新、运动负荷调控、生理指标分析、实际训练实效等资料；二是积累有关学科的基础资料。积累要靠方法，但需明确，积累资料不是目的，创造性地运用资料才是目的。

二、执教行为的反思与促进

在西方近代哲学中，反思这一概念指的是一种间接的认知方式，其与直接认知存在差异。它包括人们在思考过程中所表现出来的态度和行为。洛克是一位英国哲学家，主张人们通过反思或反省自身的心理活动和方式，获取有关知觉、思维、怀疑和信仰等观念，这些观念是知识来源途径之一。黑格尔主张，反思是一种辩证概念，它从联系中揭示了事物内部的对立统一本质。当前，人们普遍将反思、反省视为对自身思想、心理感受等方面的深度思考，对自身感受过的经历的理解或描述。

反思是一种思维的形式，是个体在反复、严肃的思考后以批判、审视的眼光，从多个不同角度观察、分析、反省自身的思想、观念以及行为，然后作出理性的判断和选择，以进一步理解。对于任何信念或假设，根据其所依据的基础和进一步推导出的结论进行主动、持久、周密的思考，是一种高级的认知活动，是一种解决问题的特别的形式。反思是一种高度认知的方式，它将思维活动的成果作为思维对象，将思维过程作为反思的核心。反思不仅是主体自我发展的需要，也是人类社会进步与发展的重要手段，更是提高人的素质、完善人格、实现可持续发展的有效途径。

执教反思的本质在于对教练员主体及其活动进行反省认知活动，其独特之处在于以教练员自身及其活动为意识对象，从而形成对执教行为的深刻反思。从这个意义上讲，执教反思就是一个自觉进行自我审视、自我教育、自我调控的动态心理历程。以反思为引领，不断调整和完善自身的授课方式，积极探索新的发展领域，注入新的活力，从而开创全新的教学境界，推动教学水平以及教练员的专业素养水平的不断提升。执教反思既是一种教学理念，也是一个行动策略，具有实践性、主体性、反思性及发展性特点。教练员在执教实践中，通过对自身主体行为表现及其行为依据进行批判性考察，运用观察、回顾、诊断、自我监控等多种手段，或肯定、强化，或否定、修正，以提高执教效能和合理性为目标的过程，即执教反思。从理论上说，教师反思的结果会直接决定其教学技能的掌握程度。缺乏深刻反思的阅历是较为狭隘的，只能形成肤浅的认知。因此，作为一名合格的教练员，必须具备反思意识和能力。只有经过深思熟虑，教练员的专业技能才能达到一定的高度，并对随后的行为产生深远的影响。如果一位教练员只注重于获取丰富的执教经验，而忽视了对经验的深入反思，那么他的陈旧观念和不当行为依旧难以改变。

教练员通过审视和分析自己的执教活动过程，对所作出的行为、决策及其结果进行反思，以重新组织和构建经验，从而实现对与执教活动相关的各种信息和决策的新理解。教练员在反思自己的执教行为时，不仅需要对自己的行为进行探究，还需要借助他人的思考和判断，因为单纯的自我反思会陷入自己的意图框架和视野中，很难发现实质性的问题，而他人则提供了一种另类的视角，帮助他们克服思考问题时的局限性。

教练员在进行教学的过程中，必须进行执教反思，这是他们素质不断提升的过程，也是经验型教练员向学者型教练员转型的必经之路。教练员的教学反思贯穿于整个执教生涯之中，它是一种自我反省与再思考的活动，其目的在于对教学活动进行重新审视，并从中发现问题和解决问题。透过反思，教练员不仅能够获得自主性和创造性，更能够在实践中获得理性的升华和情感的愉悦，从而提升自身的精神境界及思维品质，进而改变其行为方式，更好地实现生命价值，促进自身专业发展和执教能力的提升。

许多高水平教练员在执教过程中不断审视、思考和总结自身的执教行为，从外部促进了专业性竞技比赛的激烈程度，也是教练员自我完善和激励的内在要求。教练员往往会把自己的经验或感受记录下来，并加以整理和升华。许多教练常常反思自身的经验，肯定成功，分析失败。通过反思，他们认识到了自己的诸多问题。教练员在严格的训练过程中，由于缺乏与运动员的有效沟通和对运动员的充分关注，导致了教学和训练之间的严重矛盾，这些失败成为教练员未来需要改进的方面。还有一些教练员，虽然自己很努力，但缺乏系统学习和研究，导致了执教能力下降，甚至影响整个团队的战斗力。只有对自身深入剖析，才能推动执教行为的改进，从而不断提升教学水平。

许多教练员在面对训练工作的压力、对胜利和成绩的持久期望、疲惫不堪的奔波以及必须维持的人际关系等问题时，常常会陷入心理疲惫的状态，进而导致认知、情绪、意向和自知力等方面的各种心理障碍。这些心理障碍严重影响运动员在竞技中发挥正常水平，甚至还会使他们失去信心，产生消极怠工，甚至放弃比赛的情况。因此，通过对自身行为和过程进行理性反思和总结，可以有效预防心理障碍的发生和发展。

三、执教行为的创新与发展

其他内在因素，如知识、经验、认知、习惯、道德、思维方式和素质等，都会对人的行为产生影响。其中最重要的是人的素质，它与行为之间存在着密切的联系。

“变化”和“创新”这两词并不是一回事，训练中的变化有时是教练员非常简单的一个训练内容的调换，让千篇一律的单调重复变为新异刺激，以吸引运动员的注意力。人们对待创新和变化总是处于消极的态度，对新颖的、以前没有见过的事物总是处于怀疑、难以接收的心态，而且创新并不是容易的事情，人们已经习惯了旧的事物、惯用的训练方法、擅长的训练手段和设施，新的训练方式需要花费气力重新适应，创新也可能引起失败。但是在体育运动中，创新是关键的因素，是成功的源泉，是运动训练必不可少的，越多的创新就可能带来更多的成绩。

执教的过程就是创新的过程，一个好的教练可以通过自己的教学使学生得到进步与发展，而不能让他们成为别人的影子。教练员的杰出之处在于，他们能够根据队员的具体情况，精选出最适合的方法，从而创造出一种独特的创新，这种创新是取得卓越成绩的必要前提之一。所以，要想取得优异的运动成绩，就必须进行创造性思维。简单地模仿他人的方式只会导致失败，因为运动训练是对不断变化的复杂个体进行改造，而非创造死板的事物。

竞技体育的演进历程一直是人类对自身极限的不断挑战，每一次卓越的表现都是运动训练创新的结晶。从某种意义上讲，现代竞技体育的进步也就是竞技体育的发展，而竞技体育的不断进步又促进了体育运动的不断创新与完善。竞技体育的核心目标在于不断提升运动员的竞技水平和创造卓越的运动成绩，而运动训练则是实现这一目标的主要实践活动之一，其具有探索和研究的创新性。运动训练在其整个生命周期中，总是处于一种变动的状态，并伴随着一定程度上的变革。在运动训练过程中，众多复杂因素不断变化，教练员的执教历程也在不断演变，因此没有一种固定的模式可以适应这种变化。在这一过程中，只有不断创新，才能适应客观环境的改变。创新是通过对相关学科研究的深入探索和广泛应用，结合自身的知识和经验，进行独立思考和创新，从而获得全新的方法论和思路的过程。训练创新是在已有基础上对原有事物或现象进行改造，产生出新结果的过程。训练创新是一种将智力因素，如知识、经验和科学技术等，作为创新资本的过程。创新意识和创新能力的培养离不开教师在教学实践中对学生进行创造性思维方式和创造技能的教育和训练，更需要广大体育教师具有较高的创新素质。教练员在专业发展过程中，不断追求创新的执教行为，体现了他们的自觉和主动精神。

推进事物发展的积极动力在于理念的引领和更新，只有树立全新的理念，才能在教练员的训练、管理等具体行为中发挥重要的引领作用。从某种意义上讲，教练能力水平高低取决于其思想观念是否先进、是否能与时俱进。要实现执教行为的突破，必须以创新理念为核心，因为创新理念本身就是创新的本质所在。对于教练员而言，不断更新自身的教学理念并将其转化为实际行动，是提升教学效果至关重要的一环。因此，从理论上探讨教练理念的创新问题，显得尤为迫切。教练员在教学过程中对自身的知识、经验、技术、思维等进行深入总结和提炼，从而孕育出一种全新的理念，这也是训练理念创新的根本所在。因此，教练员必须不断地进行自我反思，使自己成为一个与时俱进、不断创新的思想者，以适应时代发展的要求。

当前不断涌现出许多新方法、知识和设备，然而这些都是外在的，只有那些能够真正融入教练员思想并为其所用的，才能真正发挥作用。所以要想取得良好的训练效果，必须从自身出发，找到适合于自身特点和实际情况的最佳训练方法，这样才能发挥出最好的效果。由于不同的运动员在年龄、训练年限、体能情况等方面存在差异，因此无法直接套用其他教练员和专家的方法，也不能采用完全相同的训练方式。要想取得良好的训练成果必须结合自身实际情况和特点制定出适合本地区或本校的训练方案，才能使我们的运动员达到预期目标，提高竞技能力。优秀的教练员制订的训练计划，只有在运动员认真贯彻执行的前提下，才能取得出色的运动成绩。

教练员的创新过程是一项高度复杂的智力活动，需要不断学习、探索和研究，同时也需要充分发挥情感的作用，包括认知自我情感、调节情感、激励自我和保持心理平衡，只有智力和情感的协同作用才能最终实现多样的创新目标。

运动员在思想、体能、技术等方面都各有特点，所以也就没有确切的管理、训练模式，这就要求教练员借助相关知识，结合具体情景进行设计、策划和创造有效的方法，灵活运用民主式、专制式或民主与专制式混合管理的方式和方法。此外，运动项目的复杂性，牵涉到选材、训练理论、素质体能、营养恢复、场地器材等多个方面，日常的管理更需要教练员不断探索和研究。在当今激烈竞争的社会环境下，一个优秀的教练员要想取得优异的成绩并保持高水平，就离不开科学的训练。教练员从事的是一项需要独创性、创新性和发展性的工作，虽然可以借鉴前人的经验，但不可能永远套用程序，一定要从已有条件中探索全新的训练手段、措施等，突破常规，为训练找到新的路径。

“人的发展作为新世纪的最高命题，其根本意义就在于真正认识到自身的价值。”在知识经济时代，人力资源已经成为最宝贵的资源。作为人类社会发展的战略资源，教练员的个人成长是竞技体育事业进步的重要组成部分，教练员所持有的理念、知识和创新能力是推动竞技体育前进的来源和推动力，是能够持续增值，并且无限、可再生的资源，是决定体育事业成败的关键因素。

第二节　教练员领导力的提升

一、领导与领导力

在传统思想中，领导就是上级组织给予了特定职位及权力的人。领导者使用合法权力引导员工完成上级组织布置的任务，这一过程的重点就是领导者具备的权力要素。现代管理理论，特别是组织行为学理论则赋予领导一种全新概念，认为领导是指激励、引导和影响个人或组织，在一定条件下，实现组织目标的行动过程。领导力是存在于领导者和被领导者之间一种互动的积极影响力。

对于领导力，老子《道德经》第十七章有这样的定义："太上，不知有之；其次，亲而誉之；其次，畏之；其次，侮之。信不足焉，有不信焉。悠兮，其贵言。功成事遂，百姓皆谓'我自然'"。翻译过来就是：最好的统治者，人民并不知道他的存在；其次的统治者，人民亲近他并且称赞他；再次的统治者，人民畏惧他；更次的统治者，人民轻蔑他。统治者的诚信不足，人民才不相信他，最好的统治者是多么悠闲。他很少发号施令，事情办成功了，老百姓说"我们自己做到的"。也就是说，最好的领导人是能让每一个团队成员，都能完全发挥自己的潜力。

二、领导权力的来源

根据1959年社会心理学家法兰西（John French）和雷温（Bertram Raven）等人的研究，领导权力的来源包括法定性权力、奖赏性权力、惩罚性权力、感召性权力以及专长性权力，这些来源共同构成了领导权力的五大支柱。

在正式层级组织中，法定性权力指的是一个人因占据某一职位而获得的一种权力，该权力由个人在组织中的职位决定，具有指挥权和命令权。一旦获得正式的委任，便具备了法律赋予、认可的权力。有法定性权力的基础，人们也更容易接受、认可这一职位的权力。

奖赏性权力是一种以奖励、晋升、工作表彰等奖励性手段对他人施加的一种权力，其核心在于个人控制对方珍视的资源，从而对其施加影响的能力。在现实生活中，通过给予奖励的方式，领导能够吸引下属的关注和重视，从而促使他们心甘情愿地服从领导的指挥。

惩罚性权力是一种通过恐吓、威胁等生理上或安全上的压力控制手段对他人施加的一种权力，如肉体上的制裁、精神上的折磨等，是通过强制性的处罚或剥夺而影响他人的能力。也就是说，作为下属如果不服从领导，领导就可以进行惩罚、处分、批评。

感召性权力是指一个人所拥有的独特智谋或个人品质对他人产生的一种独特影响力，由于领导者拥有的个性、品德、作风而引起人们自愿地追随和服从，它能够使他人产生一种深刻的倾慕和认同心理。拥有这种权力的人往往被称为具有领袖魅力的人，他们的一举一动都可能会对他人产生很大的影响力，特别是对其上级、同事及下级的工作产生直接的影响。

专长性权力又可称为知识的权力，是指通过个人专长、特殊技能或知识获取的一种影响力，是人在某一领域所特有的专长能影响他人的能力。随着知识经济的到来，专长性越来越成为组织中一种有效权力。当组织中的工作变得更加专门化、知识化、复杂化之后，管理部门越来越需要更多职能专家来实现其组织目标。

从权力的来源我们可以看到，从被任命起，教练员就具有了发出指令和指挥的授权，有了奖赏和惩罚运动员的授权，但这并不能使教练员成为好的领导者。因为当教练员使用法定性、奖赏性以及惩罚性权力时，它带给运动员的都是一些短期性的变化。运动员可能会因为教练员对他进行的奖赏或威胁，而尽力克服困难去完成训练和比赛任务。但这样的力量是短暂的。一位优秀的教练员，好的领导者，其领导力应是一种感召性和专长性的影响力。只有当运动员和团队其他成员认可你的授权时，你才能成为团队真正的领导者；只有赢得团队的尊重，才能拥有达到卓越所需的权力。这就是榜样和专长的力量，这是一种长期性的变化。一旦运动员因为信任教练员，就愿意服从其领导，这样的认可意味着产生了某种长期的内在变化，其效果也将更加深远。

三、教练员领导力提高的五步骤

（一）清晰的愿景

愿景就是教练员对运动队和运动员长远发展和终极目标的规划和描述。拳王阿里曾说："冠军不是在体育馆里造出来的。冠军来自他们深层的东西——希望、梦想和愿景。"缺乏愿景指引的团队会在风险和挑战面前畏缩不前，他们对自己所从事的事业不可能拥有坚定的、持久的信心，也不可能在复杂的情况下，从大局、从长远出发，果断决策，从容应对。为运动队制定明确的、振奋人心的、可实现的愿景，设定清晰明确的目的、目标，对于运动队的长远发展十分重要。处于成长和发展阶段的青少年运动员，可能会将更多精力放在训练、比赛、出成绩等方面，但教练员不能轻视愿景对于凝聚人心和指引方向的重要性。对于已经取得一定成绩的优秀运动员，是否拥有一个美好的愿景，是该运动员能否从优秀迈向卓越的重中之重。

【案例】体操教练王国庆论愿景：

李宁公司的口号"一切皆有可能！"最能诠释李宁在体操赛场和经商战场上的奋斗历程。我常常引用这句名言来激励和鞭策杨威和黄旭。一个人只要有理想、有目标、有愿景，一切皆有可能！年龄不是问题，能力不是问题，任何困难都能克服！只要有愿景。反之，即使年龄不大，只要丧失理想、缺乏愿景的激励，年龄再轻、能力再强、条件再好，也不可能取得成功。

当他们在2008年北京奥运会再次登上体操男子团体冠军的领奖台，实现心中的愿景之后，欣喜激动之余，常常感叹：原来我能行！而自己的潜力要远远超出自己的想象作为教练员的我也深有感触，没想到年近30岁的运动员还有如此大的潜力，还有那么好的状态、那么强的能力！

（二）敏感环境变化

在运动训练和竞技比赛中，影响胜败的因素有很多，对同一问题，人们往往具有不同的意见、看法和观点。面对复杂的决策，教练员要对环境变化敏感。在认知和解决问题时，要学会对复杂现象的梳理、把握，不是只有"对"与"错"；在对问题作出决策回应时，要学会多种方法，包括策略的对比、替代、选择，不是只有“可”与“否”；对于纷争、冲突的解决，要学会对话、交流、沟通、协商、谈判、斡旋、调停，不是只有争斗后的“胜”与“败”；要学会接受别人和自己的不同，接纳和尊重不同的观点。

（三）敏感成员需求

作为教练员，要懂得团队成员往往通过你的外貌、言行、作为，或仅仅通过一些不起眼的小事，来判断你和你带的球队的水平。就像美国前总统乔治·华盛顿所言：“做得像个领导。领导力和外表之间具有关联”。由此，教练员必须做得职业一些，通过沟通，让团队成员更好地理解你的想法，了解该想法的目的，以及该想法对训练比赛的积极作用，让团队成员更好地理解你的想法后按照对应的思路去做事。而教练员要敏感察觉团队成员的需求，多站在成员的立场去想，多关心成员训练之外的事。这对于心与心之间的沟通显得尤为重要，它可以拉近与成员之间的距离，化解一些尴尬或矛盾，更好地协作处理训练中遇到的问题，避免教练员未能敏感地注意到运动员的需求而造成的不幸。

（四）敢于冒险

在运动训练和比赛中，教练员每时每刻都面临着选择。面对自己有限的时间、信息、权力、经费、运动员有限的青春、运动寿命、最佳竞技状态，教练员要理清思路，加快速度，敢于冒险，作出决策。而所谓的“最佳决策”，常常是举棋不定、犹豫不决，轻则贻误战机、被动挨打，重则损兵折将、功亏一篑。美国著名橄榄球教练员文斯·隆巴蒂（Vince Lcmbardi）说过，团队的力量来自领导者的力量。伟大的尝试，即便失败也是辉煌的。原中国女排袁伟民教练就用非凡的决断力，冒险智取了一场比赛的胜利。

【案例】袁伟民智斗日本女排：

1983 年亚洲锦标赛中国女排输给日本队。1984 年日本邀我队访日，袁伟民没答应，担心万一输一场就容易把队员的信心打掉。我们又邀日本队到中国，日本也不愿出来，怕万一输了以后把她们刚刚建立起来的信心破坏掉。但两队都想在奥运会前打一场。日本队想巩固胜利，中国队想打出信心。这时苏联组织女排邀请赛，中日女排都去了，第一轮中日女排交锋争夺桂冠，日本电视台实况转播。日本队也有再胜中国队一场的架势。但结果中国女排回敬了日本女排一个 3 ∶ 0，夺得了“里加杯”。第二轮移师彼得格勒中日两队再争冠军。袁伟民分析，日本队明天一定要死拼，我队已夺回心理上的优势，摸了对手的底细，目的已达到。为此，袁伟民说服队员，采取了一个大胆而有风险的决策：不上主力队员。如果我们输了，队员信心不会受影响；日本队即便赢了，心里也不踏实。因为我们没上主力。

决赛那天日本电视台仍向国内转播实况，日本队在准备活动中十分兴奋，大有决一死战的架势。当裁判哨声一响，双方队员一站位，日本队一看我队阵容全都愣住了，场上队员直往场下看，场下教练想换下主力，但为时已晚，比赛打响了。中国队 3 ∶ 1 以非主力阵容赢了日本队，挫伤了日本队的锐气，打出了信心，打出了心理优势。

（五）打破常规

教练员在面对错综复杂的训练和比赛情境时，所需作出的决策往往是缺乏系统性和程序性的，没有可以遵循的套路和标准。在这种情况下，如果你的头脑里缺乏对问题的分析研究，缺乏科学的逻辑思维，不知道如何去解决问题，那么，就很难作出正确的决定，更谈不上取得成功了。为了作出这样的决策，必须跨越思维的壁垒，克服思维方式上的封闭性和趋同性，拓展思维的广度和深度，实现思维的多维化。

一段时间，我国皮划艇项目的表现都没有达到令人满意的水平。对于如何扭转这种局面，通过对该项目的长期滞后的现象进行了深入分析，揭示了其深层次原因：缺乏有效的执行能力，并始终存在着可寻找的借口；缺乏对科学的敬畏之心，缺乏对自我剖析的勇气和决心；缺少科学态度和人文素养，不能客观地看待问题。由于资源整合不足，导致整体功能无法得到最大化的发挥；缺少创新意识，没有实现突破与超越。经过深入分析原因，他们提出了一系列具有创新性的措施，其中包括提出超越传统思维方式的理念，以及以跨越式发展为指导思想的措施；建立一个以学习为导向、积极向上、富有创新精神的教练团队；比赛上创新战术打法，注重实战效果，以适应新时期国际规则变化与发展趋势。从多人艇到高桨频、短距离、大强度，再到有氧能力、个体能力以及每一桨能力，训练过程中需要不断提升。此外，还提出了要加大对教练员培训力度、完善竞赛体系等措施来进一步推进我国皮划艇项目向更高水平迈进。通过实施这些革新措施，中国皮划艇运动在2004年雅典奥运会上获得了男子双人划艇500米决赛的金牌。这一成就不仅让中国体育在奥运会水上项目中实现了金牌“零”的突破，也极大地提升了其成绩。

第五章　教练员的领导行为

本章主要论述教练员的领导行为，主要从四个方面进行详细介绍，分别是领导行为概述、教练员领导行为的研究、教练员领导行为的影响力以及教练员领导行为的方式。

第一节　领导行为概述

大多数教练员在从事执教工作之前一般具有多年参加比赛的经验，一旦担任教练员的角色，就必须学会指挥他人的艺术，并完成由被领导者到领导者的角色转换。这种领导行为和角色所需要的技能与当运动员参赛所需要的技能完全不同。因此，对教练员领导行为的探讨，有助于教练员对领导行为的认识和对自我角色的理解，从而更好地行使领导权力，合理进行角色定位。

一、领导行为简述

传统管理学理论认为，领导是组织赋予领导者的职位和权力，领导者通过运用这些法定的权力带领下级完成组织的任务，实现组织的目的。据新兴的管理心理学理论，领导并非仅仅是个体的职位，而是一种运用自身影响力，在特定条件下引导并带领下属朝着组织目标迈进的行为过程。实际上，传统的管理理论和新兴的管理心理学理论在解释领导方面并无冲突，前者强调的是领导的形式，即领导必须运用职位和权力。在领导者的影响力中，职位和权力扮演着至关重要的角色，这一点在管理心理学中也得到了充分的验证。后者则更注重领导的本质，即领导应该具备何种人格品质。其强调的是领导的本质，即尽管领导离不开职位和权力，但并不能简单地将职位和权力等同于领导，因为仅仅拥有职位和权力并不能保证领导工作的成功。结合二者，领导可被定义为一种管理活动，其领导者拥有组织授予的职位和权力，能够影响下级实现组织目标。

教练员在运动团队中扮演着领导者的角色，而他们的领导行为则是一项职能。在实现特定目标的过程中，运动团体各组成要素受到自身活动的影响，从而表现出多种行为。在国外，教练员的领导行为被称为“运动队文化”，其中涵盖了对现有运动队成员（包括运动员、助理教练以及所有协助该队组织工作的相关人员）的选拔、激励、奖励、维护和团结。教练员的领导行为通常包括倾向于承担工作任务的领导行为和倾向于处理人际关系的领导行为，这两种行为都是对工作和人际关系的引导和管理。

由于教练的双重角色结构，教练的行为表现出高度的复杂性，而教练的领导行为则是众多行为特征之一。在过去，人们往往将“领导”与“掌控”相提并论，更倾向于将领导视为一种支配和指挥他人的权力。而现代领导理论则强调“领导”的实质是一种以人与人之间相互作用为基础的行为，即通过“影响”来影响团队达成目标，而“影响”则是理解“领导”核心内涵的前提。影响是指在与他人接触、交往和工作的过程中，一个人所具备的能力，可以对他人的心理和行为产生影响和改变。它是一种无形而巨大的力量，可以使人获得某种成功或失败的经验。教练员在与运动员互动和指导过程中，对其心理、行为、运动技能和成绩水平等方面产生的影响程度，被称为教练员的影响力，这是为了实现运动队的目标所必需的。

领导（leadership）主要处理变化的问题，领导者（leader）通过开发未来前景来确定前进的方向。运动队是一个由教练员和运动员在同一行为规范和目标的指引下，所组成的正式的社会组织。教练员拥有指挥运动队的权力，他们能够制定训练计划和安排训练过程，从而在一定程度上对运动员进行奖励和惩罚，因此教练员可以被视为一位领导者。作为运动队的领导者，教练员是组织和调度运动员参与运动训练，争取在体育比赛中获得卓越成绩，引导和领导运动团队实现奋斗目标的决策者和实施者，是该组织中最具有权威和影响力的人物。一个成功的体育管理者必然具有高超的管理能力，而良好的领导力则是取得好成绩的前提。教练员领导的有效性是影响运动员积极性的关键因素之一，而领导的有效性则取决于其所采取的行为。

领导是一项特殊的活动，需要借助他人的力量来实现共同的目标，通过影响和支持他人，激发他们的工作热情，从而达成共同的目标。在协助运动员个人或运动队群体明确目标、激励并协助他们达成特定目标的过程中，领袖的作用不可忽视。因此，研究教练员的领导行为具有十分重大的意义。教练员的领导行为中，动员支持是一项至关重要的环节，即使是那些具有高度专制性的教练员，也必须积极动员运动员为自己提供支持。

教练员领导活动的终极目标在于实现运动队的成绩目标，而这一目标的实现不仅仅是教练员自身的单方面获益，而是涉及组织价值、个体价值以及领导者自身价值三个方面，这些方面都得到了社会的广泛认可。领导者的行为并非直接达成目标，而是通过巧妙的用人策略和依赖他人的方式来实现，这是领导活动与其他社会现象独特的本质区别。由于这种特殊性，它要求管理者必须具备较强的影响力，以达到预期效果。因此，教练员的领导活动所涉及的“行为—目标”间接性关系，决定了他们通过自身的影响力，在激励、动员和改造运动员的过程中，以实现符合运动队需求为目标。尽管运动员在执行计划和决策方面处于从属地位，但他们所表现出的自发性和积极性有无直接影响着决策方案是否能够转化为实际成果，这一点对于整个运动队的生存和发展至关重要。运动员作为追随者，在比赛过程中起到了主动作用，既能对教练的行动起到制约作用，又能对教练的行动起到阻碍作用。运动队的目标实现程度和实现质量在最终层面上受到运动员行为的直接影响。

二、体育运动中的领导理论

（一）一般特质理论

尽管领导的特质理论在第二次世界大战后开始逐渐式微，然而仍有众多体育学者对其持积极的态度。据亨德里的研究，体育教练员具有显著的支配性、积极性和权威性，这些特质在他们的性格中得到了充分的体现。安德鲁和乔治的研究表明，相较于普通人，运动教练员在成就动机、热情和活力等方面呈现出更为显著的人格特质。

随着时间的推移，运动领导特质理论逐渐式微，与一般的领导特质理论相似。

就像Cam在其研究中所指出的那样，教练员和普通人之间的根本区别并不明显，也没有发现作为领导者的教练员具有任何普遍的个性特征模式。在任何情境下，似乎没有任何一位教练员能够拥有那种被称为教练员模式特质的成功之道。

（二）一般行为理论

在研究运动领导的过程中，许多研究都以领导的普遍行为理论为理论基础，这些理论为我们提供了重要的理论支持。这些研究旨在深入探究教练员的一般行为，以揭示其所需具备的个性化特征。目前有关运动领导方面的实证研究主要集中在运动员与教练关系、训练计划和方法以及运动队管理等几个领域。这类研究通常采用调查问卷或实地观察的方式进行，其中具有显著影响的研究包括以下几个种：

1. 丹尼尔森、泽尔哈特和德雷克的教练员行为调查研究

丹尼尔森、泽尔哈特和德雷克应用他们编制的教练员行为描述问卷，对曲棍球教练员的领导行为进行调查研究。在研究中，采用因素分析方法对20种不同类型的教练行为进行了分析，结果表明，8种维度的教练行为表现最为显著。结果显示，这些维度间有显著差异。这8个维度包括：竞赛训练、制度建立、团体人际关系、社交交往、球队代表、组织沟通、认可以及普遍兴奋。在对这些维度进行归类后发现，不同类别教练在各种向度上都存在显著差异。最终的研究得出结论，曲棍球教练员最为重要的行为是通过有效的沟通来实现目标。

2. 史密斯等人的教练行为评量系统的研究

在自然环境下，史密斯、斯莫尔和亨特等学者运用观察和分析方法，对教练员行为评量系统进行了研究。研究表明，教练员的行为可被归为两大类：一类是具有反应性的行为，另一类则是自发性的行为。

教练员在面对团队或队员的某些特殊行为时，会表现出一种反应性行为，这种行为被称为反应性行为。在比赛中，教练员的动作往往会受到同伴和对手的影响，表现出不同程度的反应性。反应性行为可进一步归纳为三类：一是教练员对运动员所从事的活动所产生的反应，包括但不限于正确的动作、认知、情感等方面；二是教练员对于运动员在错误活动中所表现出的反应，是一种高度敏感的心理状态；三是教练员对运动员的不当行为所作出的反应。

教练员所表现出的那些自发行为，不会受到运动队或队员的任何干扰。运动所涉及的行为分为两类：一类是与运动相关的；另一类则与运动无关。

（三）情景特质理论

菲德勒的权宜理论在情景特质理论中被视为该理论的杰出代表。菲德勒认为，领导者的行为有效性取决于其与群体之间的相互作用以及所处的情境特征。将权宜理论应用于研究教练员领导情景特质，为该领域的发展奠定了基础。正如卡伦所言，这些研究结果在运动场景中难以支持菲德勒的领导理论，因为系统地改变情景的因素在运动场景中是相当具有挑战性的。综合考虑，当前在运动场景下的相关研究难以验证菲德勒的权宜理论是否具有实际效果。

（四）情景行为理论

切拉杜赖首创了一种多维运动领导模式理论，该理论从多个角度探讨了教练员的领导行为与运动队或运动员之间的活动关系。根据该模式的理论，教练员的行为能够带来两个主要的成果，即对运动员的满意度和活动效果的影响。根据该理论模式的观点，教练员的行为可以分为三种，即受运动员偏爱的行为、情景所要求的行为和教练员的实际行为。切拉杜赖认为，当教练员的行为与所处情境相符，同时也符合运动员的偏好时，这是最优秀的领导方式。这种领导方式不仅能激发出队员的热情，而且还有助于提高训练质量和效率。这样的领导行为不仅能够激励运动队取得卓越的成就，同时也能够让运动员感到无比的满足。相反，当教练员的实际行为和情景要求行为、队员偏好行为均不相符时，这表明这种领导方式是一种自由放任的，缺乏任何明确的规章制度。相反，当教练员的实际行为和情景要求行为、队员偏爱行为均不相符时，这表明这种领导方式是一种自由放任的，缺乏任何明确的规章制度。当教练员的实际领导行为与情境所要求的相符，而与队员偏好的行为不相符时，尽管领导者的工作表现出色，但运动员的满意度却会受到严重影响。当教练员的实际领导行为与队员所偏好的行为相符，但与情景所要求的行为不相符时，即使教练员的领导行为能够满足队员的期望，但其工作绩效也必然不尽如人意。

据多维运动领导模式理论，教练员的领导行为受到一系列先决条件的制约，这些先决条件对其产生着深远的影响。这些先决条件主要有：情景特征（运动队以及所处环境的特点，如运动队的目标、组织结构、项目特点、社会规范、文化价值等）、领导者特征（领导者的个性、能力、经验等）和队员特征（成就需要、加盟需要，认知结构和活动能力等）。

第二节 教练员领导行为的研究

一、国内研究

诸多文献在行为科学理论和心理学理论的支持下，详细分析了领导行为的类型，认为应加强对教练员领导能力的教育和培养，特别是在动机激发方式、教练目的、控制源、自尊水平、对动机的理解、教练作风以及领导方式等方面，应提高其灵活运用水平。

教练员的领导行为对运动训练的影响是一个错综复杂的过程，陈树悦等人认为这是一个需要深入思考和全面分析的问题。在人与事之间的互动中，主要表现为以下两方面：一是对事发生的领导行为体现为工作行为，其中包括目标设定、计划制定、实施执行、评估和调控等方面；二是对人的发生的领导行为则表现为情感和意志的作用。对人发生的领导行为属于关系行为，包括但不限于组织、沟通、激励和管理等方面。这两种行为相互渗透，形成了一种错综复杂的互动关系。

在对我国青年男子篮球队教练员的领导行为及其素质与球队凝聚力关系的研究中，李红军得出结论：球队的任务凝聚力和交往凝聚力与教练员的训练指导行为、民主行为、社会支持行为和奖励行为密切相关，呈现出高度正相关的趋势。

二、国外研究

教练员和运动员之间的心理相容性是影响领导效果的一个重要因素，因为它直接关系到体育团队的成功和运动员的满足感。研究人员对于教练员与运动员之间的心理相容问题进行了探究，比较了成功的教练员与运动员之间的相互关系，以及失败的教练员与运动员之间的相互关系。双方关系的构成可以通过基本人际关系倾向一行为问卷来构建和比较。舒尔茨设计了此调查问卷，旨在评估教练员和运动员之间的情感纽带、控制能力和相互认可度。爱是一种亲密的情感纽带，而控制则是一种对于权力、权威和支配的态度，而相互接纳则是一种积极的联系和沟通，以及一种坦诚而双向的交流。

教练员和运动员之间的关系在心理上是相容的，这种关系表现为双方之间良好的沟通以及教练员对运动员的奖励行为。相反的情况是，教练员和运动员之间的不相容关系表现为缺乏有效的沟通和激励机制。在双方心理相容的关系中，教练员和运动员以自如的方式相互交流，彼此尊重、相互欣赏，同时也表达了彼此真挚情感的渴望。这种情感是由彼此信任和相互依赖所构成的，它表现出一种真诚的友谊和友好的态度，并能使人感到愉快，从而建立起一种融洽和谐的人际关系。在双方心理上不相容的关系中，这种情感是不存在的，因为它们彼此孤立，各自为政。在彼此排斥的情况下也是如此，在一种相互排斥的环境中，缺乏有效的沟通和坦诚的交流是无法实现的。教练员和运动员之间的这种相互理解与支持，是一种最理想的合作方式。在教练员和运动员之间的相互包容关系中，教练员不断地激励运动员付出努力并取得卓越的成果。队员的杰出表现可以得到表扬、感激和认可，这些都是可以作为奖励的方式。在双方相互包容的关系中，热情的激励是最具代表性的特征之一。

研究表明，教练员和运动员在对待教练员行为和环境方面的态度存在显著差异。在不同的训练阶段和运动水平下，这种差别会表现得越来越明显。教练员倾向于将环境视为一种理想的场所。然而，运动员坚信他们所处的环境与实际情况相差甚远。

通过与教练员进行高水平的互动、交流和尊重，运动员的命运感会得到提升，他们的比赛成绩也会得到显著提高。在许多情况下，这种良好的状态会促使他们更努力地训练，以获得更好的运动表现。一项研究表明，教练员与运动员之间的心理相容性对于双方的合作至关重要。这项研究旨在确定在高水平运动训练中如何处理教练员和运动员之间的矛盾问题。本项研究的研究对象为一对配偶，而他们之间同时存在着教练和队员之间的互动关系。教练员和运动员之间的婚姻关系稳固，彼此之间的交流频繁，彼此之间建立了信任，并且在经济合作方面取得了良好的成果。基诺和威廉发现，加拉杜瑞的多维领导模式与运动员的满意感高度契合，这暗示着教练员与运动员之间存在着一种心理上的相容关系。根据教练员的反馈，对于那些在比赛中表现出色的运动员，我们应该及时给予赞扬和鼓励，并对他们的表现进行建设性的评估，以帮助他们在未来的比赛中获得胜利。

米勒主张，在训练教练员的果断品质时，应该注重培养他们运用恰当的表达方式和情感的能力，以确保队员们不会因此而感到恐惧。教练若过于果断，可能会对人际关系造成不良影响；反之，若缺乏果断，则可能难以纠正错误。在米勒的果断培训模式中，教练员应当以三个步骤为基础，为运动员提供全面的指导和培训。例如，在排球运动中，实施该模式可能需要遵循以下三个步骤：

首先，向队员描述情形。

其次，告诉队员他的任务如何影响球队的比赛。

最后，告诉队员你认为应该怎样做。

三、教练员的人格魅力

教练员的重要职责在于运用系统化的科学训练活动，不断提升运动员的身体素质、技能水平、心理素质以及运动智能等多方面的竞技能力，并将其转化为实际的运动成果。为了完成这项任务，教练员不仅需要具备强烈的职业道德、广博的专业知识和丰富的实践经验，同时还需要拥有强大的人格力量。教练员的人格力量源自其对人生的追求、独特的人格特质以及深厚的文化底蕴。研究发现，其功效主要体现在行为楷模效应、动机激励效应、进程优化效应及系统协调效应四个方面。

（一）行为楷模效应

行为科学聚焦于探究人的行为规律以及人与人之间的相互关系，旨在深入研究行为产生的根源和影响行为的因素，以期为人类活动的解释、预测和控制提供科学依据。从本质上来说，运动训练过程是一种对运动员进行的一种特定形式的认识过程：运动员通过这种过程，可以对运动知识和技术进行学习和掌握，从而形成自己的认知结构，从而促进智力的发展，锻炼能力的提高，心理的成熟，个性的形成。在这一过程中，教练员的人格力量所蕴含的行为感召力是巨大的，它能够激发人们的内在潜能，从而产生深远的影响。教练是运动员的老师，是他们所崇拜的偶像，也是他们所追求的真理与真理的“化身”。在体育活动中，教练起着举足轻重的作用。教练的处事态度、在公共和私人方面的标准以及在人际关系方面的协调，都被运动员视为一种高尚的行为准则，是他们自己学习的楷模，其影响力不可小觑。

（二）动机激励效应

就像人类社会中的各种活动一样，运动员的训练活动需要不断地强化动机，以推动其不断发展。强化动机是指在一定条件下产生的使个体行为发生改变或引起积极变化的动力因素。运动员的训练动机既包括内在的驱动力，也包括外在的驱动力。激励是一种强化动机的过程，它由内部动机和外部动机两个方面共同构成。好的激励机制能够促进运动员的积极性、主动性与创造性，增强他们参加比赛或训练的信心，从而使运动成绩得以提高。运动员必须确立自身的训练和竞赛目标，激发内在的刻苦训练和顽强的竞技意志，同时也需要得到来自家庭、朋友、同伴以及社会的鼓励和支持。在所有方面中，教练员的激励是至关重要的，它能够激发人们的内在动力，提高他们的工作效率。一个有责任心、事业心强，善于与人交往的教练，会给运动员以巨大的鼓舞，使其努力拼搏，勇往直前。

（三）进程优化效应

在运动训练的全过程中，包括对运动员竞技能力起始状态的诊断、建立运动训练目标、制订和实施运动训练计划、检查和评估训练组织情况以及顺利组织实施反馈和调控，教练员和运动员必须始终保持团结一致，正确看待训练过程中出现的各种问题。只有这样才能使整个训练工作处于最佳状态，并取得预期效果。凭借卓越的人格，教练员在任何情况下都能够以冷静客观的态度分析形势，预测未来的发展前景，并选择最适宜的对策，以确保目标的顺利实现。

（四）系统协调效应

在运动训练的过程中，各种矛盾和冲突的存在是不可避免的，因此，及时、适度地解决这些问题对于实现训练目标具有至关重要的意义。要使训练达到预期目的，就要求我们正确处理好与运动员之间的矛盾。在此之中，教练员肩负着协调各方关系、组织外部系统为运动训练实施系统提供卓越服务的巨大使命。教练员的地位是十分重要的，他既是整个训练系统运行的协调者和管理者，又是运动员心理活动的调节者，还承担着与其他社会角色配合工作的责任。教练员应当以其广博的专业知识和丰富的训练经验为基础，同时展现出其卓越的人格力量，以确立其权威性的主导地位，从而具备强大的感染力和亲和力，确保训练在高度协调的环境中有序组织和实施。

四、影响教练员领导行为的条件

（一）运动员特征

显而易见，优秀教练员必须考虑运动员的个性特点和价值观，领导者与被领导者是相互影响的。被领导者对领导者的指导反应不热情或不愿意接受时，领导者可能采用专制式领导方式。研究表明，不同运动员对领导结构方式的态度存在差异，有些运动员愿意承担更多的责任而不需要过多指导，有些则不然。那些可以从容对付不确定性的运动员、对集体目标有认同感的运动员、运动技能水平高的运动员也不需要太多的指导。

根据奇拉杜瑞等人的研究，男性运动员倾向于接受教练员的专制行为、训练指导行为和社会支持行为，这些行为可能会对他们的表现产生负面影响；教练员的民主行为更能吸引女性运动员的青睐。斯佩拉等的研究表明，与成人相比，青少年运动员对教练的社会支持行为、民主行为以及对独裁行为有更多的偏好。但是，在培训指导、正向反馈等方面，两组之间没有显著性差异 Erie 等人的研究结果表明，运动员的运动经历与其对教练的正面反馈、专制行为、社会支援行为之间存在着显著的正相关。就像卡龙所说的，当运动员的实力越来越强的时候，他们在训练上也要花费更多的时间、精力和精力，这导致了他们不得不牺牲一些社交活动，从而凸显了运动环境对他们的重要性，因此，他们期望教练能够提供更多的社会支持行为。

在对我国部分优秀青少年足球队队员进行教练员领导方式的调查中，徐勇使用 LSS（体育运动领导行为量表）发现，年龄较大的运动员更倾向于表现出民主行为和奖赏行为，而训练经验较长的运动员则更倾向于感受到教练员的民主行为和社会支持行为；年教练员在面对年龄较大的运动员时，倾向于避免采取专制行为，而更多地关注社会支持和民主行为，尤其是那些执教经验和运动经验较长的教练员；随着教练员对训练指导行为和民主行为的高度重视，以及对运动员提供的良好社会支持和积极性反馈行为的增加，球队的比赛成绩也会随之提升。根据史为临等人的研究结果，男性运动员在教练的训练指导、社会支持、奖励、民主和独裁行为方面表现出更多的偏好和情感，相较于女性运动员；初、高中运动员对教练的指导行为表现出更多的倾向和情感，而大学运动员则更倾向于接受教练的指导行为，并感受到更多的情感和体验；教练的领导行为并未呈现出主力队员和后备队员之间的明显差异。在对我国甲级男排运动员期望教练员领导行为的研究中，樊力平（2003）得出了一项相似的结论，即教练员应该具备领导能力。尽管国内外学者的研究结论存在差异，但至少可以得出结论，运动员的年龄、性别、能力、经验和动机等多种因素都会对其对教练员行为的偏好和认知产生影响。

（二）教练员特征

根据韦斯等人对23名大学篮球队的教练员和运动员进行的调查研究结果，那些缺乏运动经验的教练员在带队方面表现出色，而那些被聘用时年龄较轻的教练员则能够获得更高的运动员满意度。此外，若教练员持续向运动员提供积极的反馈和社会支持，并强调民主原则，那么运动员的满意度将达到最高水平。教练员的实际领导行为、运动员的满意程度和运动员（队）的成绩，受到运动经历、执教经历、被聘用时的年龄、个性、知识、能力、社会经验等特征的重要影响。

（三）情境特征

根据韦斯等人的调查结果，规模较大的学校运动员对教练员的满意度高于规模较小的运动员。这表明学校规模大小影响了运动员对教练员满意的程度。根据Erie的研究结果，运动员在校内比赛中强调积极参与和享受乐趣的重要性；在校外比赛中，教练员的训练指导行为、社会支持行为以及积极反馈行为、民主行为等方面的支持，对于运动员来说显得尤为重要。奇拉杜瑞等人发现，教练员的训练指导行为在集体项目和开放性项目（如篮球）的运动员中更受到欢迎，而在个人项目和闭合性项目（如游泳）的运动员中则相对较少；而运动员在个人项目和闭合性项目中更倾向于接受教练员的民主行为。根据Kim等人的研究，相对于其他项目的运动员，对抗性项目的运动员更倾向于支持和偏好教练员的民主行为，这种倾向更加普遍。

根据奇拉杜瑞等人的比较研究，日本运动员更倾向于教练的专制行为和社会支持行为，而加拿大运动员则更倾向于接受训练指导；相较于加拿大运动员，日本运动员更倾向于认为自己的教练存在一定的专制倾向，而加拿大运动员则更倾向于认为自己的教练在训练指导、民主和积极反馈方面给予了更多的支持。

徐勇的研究表明，教练员的领导行为受到运动员在场上的位置、运动队的等级和管理体制等多种因素的影响，这些因素共同塑造了运动员所钟爱的教练员的行为。据樊力平等人的研究，我国甲级男排运动员对教练员领导行为的偏好并不受场上位置的影响，然而主力和替补队员对于专制行为和社会支持行为的期望存在显著差异。

由此可以看出，运动项目特点、比赛性质、目标、学校规模、文化背景等情景特征，都可以对教练员被情景所要求的行为也就是需要的行为产生影响，这也将对运动员的满意度和运动表现产生间接的影响。

（四）教练员领导行为的结果

1. 活动绩效（运动成绩）

斯佩拉等人的研究表明，与排名靠后的队员比较，在 1989 年世界手球锦标赛（C 组）8 支队伍中，8 支队伍中的最佳球员对其教练的重视程度更高，而对奖励行为、社会支持行为和民主行为的忽视程度更高。但在对教练的培训指导行为的评估上，却没有发现有显著性差异。

一项调查表明，那些在比赛中表现出色的运动员更倾向于接受教练员的训练指导和积极反馈，而教练员则更加注重训练指导和民主行为，实际采用的社会支持和积极反馈行为比专制行为更为普遍。那些在比赛中名列前茅的运动员渴望得到更多来自教练员的社会支持和积极反馈，以提升他们的运动技能和心理素质。研究表明，教练员的行为评价和运动成绩之间存在差异，这可能是由于运动员的特质和运动环境的差异所导致的。

2. 满意程度

奇拉杜瑞及其团队的研究表明，教练员的专制行为和积极反馈行为的评价与所期望的专制行为和反馈行为之间的一致性密切相关，从而影响了运动员对教练员行为习惯的满意度。然而，他们并未发现运动员所期望的运动体验（满意感）

与其所钟爱的领导行为之间存在着关联。

霍梅和卡龙的研究表明，评估教练员与运动员兼容性的最佳标准是运动员对其教练员的积极反馈行为、专制行为的认知以及其所偏好的教练领导行为之间的差异。

根据史为临等人的研究，教练员的社会支持行为、训练指导行为、社会支持行为和奖励行为的增加，能够提升运动员对个人成绩的满意度，也能够提高运动员对集体成绩的满意度。

无论是国内学者还是海外学者，尽管对于运动员的满意度研究结果表述略有差异，但其结论却是一致的。教练员的领导行为在多个维度上与运动员的满意度密切相关，这些维度的一致性对于运动员的喜好和感知有着至关重要的影响。

第三节　教练员领导行为的影响力

教练的领导作用实质上是一种影响，这种影响源于权力，具有自发性的认同意义，其表现形式包括两种：一是职位权力。教练员在运动队中所处的上级授予了一项权力，该权力会随着职务的变动而不断变化，而运动员则习惯于服从该职位的权力，包括但不限于合法、奖惩和强制。二是个人权力（非职位权力）。教练员在运动队中并非拥有职位权力，而是凭借其所具备的教学条件，包括专家的影响力和感召力，从而获得了更高的权力。

职位权力产生强制性领导，非职位权力产生凝聚性领导，教练员的领导行为是由强制性领导行为和凝聚性领导行为相互交织而成。教练员的领导活动能够顺利进行、领导目标能够顺利完成的根本原因，在于领导者所具备的专业精神、知识和能力等凝聚性因素，这些因素是强制性的领导因素的核心所在。在凝聚力型领导中，领导者与团队成员具有密切的交互作用，虽然教练经常使用强制影响来促使运动员达成组织目标，但是，这种影响并没有体现出领导力的实质。教练员领导在运动员的成长过程中扮演着至关重要的角色，它体现在运动员对教练员领导权威的主动服从上，通过展现自身优秀的综合素质和行为，建立了领导威信，并从情感上影响着运动员，从而使运动员在周围形成一种凝聚力和吸引力。

权威是一种客观存在的社会心理现象，它代表了一种心理倾向，即人们倾向于接受他人的影响。教练的权威性，本质上就是在团队中有很大的影响，通过在运动知识、个人关怀、公正诚实、以身作则、成熟稳定等方面树立典范，让队员们对自己的领导充满信心，并自觉地服从教练的意愿和指示（图 4-3-1）。

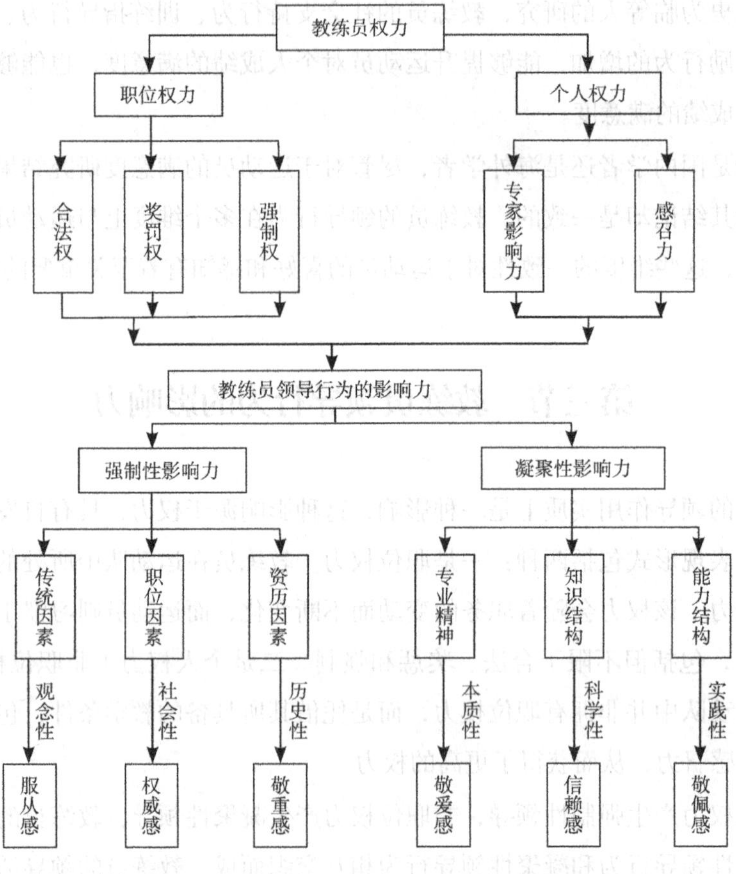

图 4-3-1　教练员领导行为的影响力综合结构图

第四节　教练员领导行为的方式

以领导活动的侧重点为标准进行划分，领导方式可分为任务导向和人员导向领导两种，领导行为表现围绕着两个维度展开。领导者的工作行为或任务导向，呈现出一种专制型的特征，这种特征在前者中得到了体现；后者所呈现的是领导者的人际关系行为或人员取向，体现了一种以民主为导向的态度。专业教练员通常以严谨的组织和任务为导向，专注于完成手头的训练任务；而民主教练员则以运动员为核心，善于协作，并以人际关系为驱动，关注领导者和其追随者之间的互动。根据调查结果显示，高水平教练员的领导行为并非简单的任务或关系导向，而是二者的有机融合，呈现出典型的情景行为特征，场上严格，场下关心，场上严肃，场下随和。教练员的职业特质和运动训练本身的特质在场上得到了严谨和庄重的体现；场下关心、平易近人反映出教练员对运动员的关爱态度，是一种情感上的支持和尊重。练员在确立领导地位和权威之前，必须具备场下关怀和随和的品质，这是严格管理的基础。

教练员的领导行为方式体现为以说服、示范、命令等多种形式展现其领导力。不同类型的领导者其领导方式有很大差异。在权力运用中，说服是一种常见的形式，它是最符合领导本质规定的权力行使方式之一。它通过对影响者心理上的认同和情感上的支持达到预期目标。在与运动员互动的过程中，教练员更多地采用说服的方式，以期达到更好的效果。教练员的说服能力在很大程度上取决于其所掌握的信息、技巧、信誉和声望，这些因素共同构成了说服成功的关键因素。首先，一种有效的说服方式是将自己的建议和观点与组织的目标相结合，以表明即将采取的行动是基于理性、合法和符合组织内所有成员的意愿的。其次，将即将采取的行动与组织成员的个人利益紧密结合，以确保他们在实现组织目标的同时，也能够获得个人利益的充分满足。相对而言，示范作为一种静态的权力运用方式，缺乏说服所需的可拓展性。而命令作为一种权力运用方式，具有强制性，是一种必须采取的形式。因此，教练员领导活动的开展必须建立在这一形式的基础之上。通常情况下，说服的效果远胜于命令，因为运动员们都需要保持自尊心。因此，教练员对被说服对象的心理反应往往表现得更为强烈一些，命令是一种制度性的产物，而说服则更具艺术性的特质。

第六章　教练员社会资本的构建

本章主要论述教练员社会资本的构建，主要包括两方面的内容，分别是教练员的社会网络和教练员的社会支持。前者又包括了社会网络的拓宽与维护、教练员工作与家庭的冲突与促进、教练员的职业共生、后者包括社会、国家、组织家庭支持。

第一节　教练员的社会网络

一、社会网络的拓宽与维护

社交网络是一种相对稳定的人际关系网络，由社会个体之间的互动所形成。社交网络是由众多节点所构成的一种社会结构，这些节点通常是网络中的行动者，这些行动者可以是个人，也可以是集体单位，例如家庭、部门或组织，而网络成员则在不同程度上占有各种稀缺的资源。在现实中，一个人通过一定方式获得他人的支持并成为他的合作者，这种合作就是社会网络中的人际互动关系。社交网络所关注的是人们之间的互动和联系，这种互动对人们的社交行为产生着深远的影响，包括互动的广度和频率。在建立自己的社交网络时，教练员应当特别关注以下几个方面，以确保其有效性：

（一）适度拓宽社会网络规模

受制于教练员长年从事训练工作的特点，紧张的训练不允许教练员抽出过多的精力和时间从事人际交往，尤其是国家队教练员更是如此。因此，教练员可以围绕自己的专业领域，增加交往人数（尤其是体育领域人员）以拓展网络规模。

1. 构建基于各种“缘”的网络

“缘”有“业缘”“趣缘”“地缘”“师门”等。“业缘”关系往往是教练员以自己所从事的职业或者运动项目等媒介建立的关系。这是在教练员社会网络关系中所占比例最大的，对教练员的个体发展、各种资本的获得具有非常重要的影响。“趣缘”关系是教练员与他者具有共同兴趣爱好或对某一项目（活动）具有共同情感和趣味而建立的关系，譬如“茶友”“驴友”“球友”等。彼此的兴趣爱好越相似，交往的机会越多，心理上距离就越近，越容易产生共同的经验，取得彼此的了解和友谊，形成良好的人际关系。“地缘”关系是教练员共同生活或共事在一定空间而交流产生的关系，也可以指具有共同的出生地而产生的关系。人一般会具有地缘的归属感或认同感，共同的生活时空往往会有共同话题，作为教练员积极发展基于“地缘”的社会网络可能会更加容易。“师门”关系在体育领域非常广泛，由于具有师徒或同门情结而非常容易形成网络关系，这也是很多教练员所看重的一种关系。上述几种关系或者有重叠或者有交叉，作为教练员要根据具体情形或现实状态适度构建或拓宽各种网络关系。

2. 扩大人际交往的时空范围

从空间上讲，教练员既要重视与同一运动项目内教练员的交往范围或人数，更要重视与运动项目（团队）外人员的交往，要突破运动训练这一空间。在时间上，除了日常工作训练中的必要交往，还要注重在竞赛过程中与竞赛对手（包括运动员、教练员）建立必要的关系或联系，毕竟竞赛不是一种你死我活的斗争。与竞赛对手相互尊重、相互理解、彼此包容和接纳，通过积极的频繁接触、相互交流，也可能因感情或志趣相投而成为朋友，由此也会在一定程度上获得必要的资源。

（二）善于经营维护网络关系

一个关系网络的存在，并非自然给定的，甚至也不是社会给定的，是网络中的行动者通过一个劳动过程或某种创建和维持性的劳动过程，特别是经过行动者不断投资、长期经营、有意识地笼络、交往及反复协调才能形成。换言之，关系网络是投资策略的产物。教练员的社会网络也不例外，教练员要根据自己的时间、精力、运动训练需求等条件，不断构建自己的关系网络，要加强与网络成员的交往频度、广度，以便获得自己必要的资源。尤其要重视运动团队内部关系的维护。毕竟运动队是教练员专业赖以发展的基础和平台，和谐的运动队团队内部关系能够促进教练员的工作投入，增强团队的凝聚力。团队成员之间发生并保持肯定、积极的关系，表现出友好、喜欢、亲近的情感特征，主要受双方需要的满足程度、互相交往的诚意性、共同的目标以及价值观的一致性的影响。

（三）积极地组织参与

社会资本理论认为，组织或团体是社会资本的承载者。教练员在日常工作中往往基于官方或个体需求逐渐参与到相关“共同体”（如训练小组、科技训练保障服务团队等）中。作为教练员不仅要参与，而且要做到深度参与，在团队中发挥作用，形成影响力，并进一步获得自身需求资源。

二、教练员工作和家庭的冲突与促进

工作和家庭是个体生活的两个主要的领域。家庭是在婚姻关系、血缘关系或收养关系基础上产生的、亲属之间所构成的社会生活单位。家庭是社会最基本的细胞，是最重要、最核心的社会组织，也是人们最重要、最基本、最核心的精神家园。家庭健康的可持续发展是社会稳定发展、国家稳定发展的基石，更是个体发展的重要基石。工作则是个体通过劳动（包括体力劳动和脑力劳动）将生产资料转换为生活资料，以满足个体生存和继续社会发展事业的过程。如何处理好工作与家庭的关系，考验着每一个社会成员。

（一）关于“工作—家庭”关系

有关“工作—家庭”关系的研究指出，“工作—家庭”关系是指个体的工作和家庭两个领域之间的互动过程。个体的一个领域的运行受到另一个领域所产生的积极或消极负荷效应的影响。[①] 这种关系包括“工作—家庭”冲突和“工作—家庭”促进两个方面。

1. 教练员“工作—家庭”冲突的表现

当工作和家庭两方面的压力在某些方面产生不可调和的矛盾时，个体之间会发生一种角色互动的冲突，这种冲突被称为“工作—家庭”冲突。也就是说，由于工作任务或者工作需要使得个体难以尽到对家庭的责任，或是因为家庭负担过重而影响工作任务的完成。

① 许欣．中国竞技运动队教练员工作—家庭冲突研究 [D]. 武汉：华中师范大学，2007.

"工作—家庭"冲突表现为以下几种形式：基于时间的"工作—家庭"冲突，基于精神的"工作—家庭"冲突和基于行为的"工作—家庭"冲突。"工作—家庭"冲突源于将全部时间投入于工作或家庭领域，而无暇参与家庭领域或工作领域的活动，从而导致了时间上的冲突。因承担工作领域（或家庭领域）的角色而产生的紧张、焦虑、疲劳、郁闷、易怒、冷漠等精神状态，使得个体难以顺利履行家庭角色（或工作角色）的职责，因此而产生的"工作—家庭"冲突就是基于精神的"工作—家庭"冲突；由于工作角色（或家庭角色）要求的行为与家庭角色（或工作角色）要求的行为不一致，所以在工作领域（或家庭领域）有效的行为在家庭领域（或工作领域）就可能失效，因此而产生的"工作—家庭"冲突就是基于行为的"工作—家庭"冲突。"工作—家庭"冲突又可分为两种方向：由工作方面的要求而产生的"工作—家庭"冲突称为"工作→家庭冲突"或"工作侵扰家庭"；因家庭方面的需要而产生的"工作—家庭"冲突称为"家庭→工作冲突"或"家庭侵扰工作"。教练员在工作和家庭之间的冲突，涉及时间、精力和行为等多个方面，这些方面都表现出了其复杂性和多样性。有些教练员，特别是国家队的教练员，存在着长期的、遥远的职业发展空间错位问题。教练员的工作时间每年通常需要超过310个工作日，而在日常生活中，他们更倾向于与运动员共同生活在队伍中。由于工作压力巨大、工作时间漫长、长期集训以及频繁出差等原因，教练员难以抽出足够的时间和精力分配在配偶的陪护、孩子的陪伴以及老人的照顾等方面。因此，当教练员遇到这些问题时，往往会感到十分尴尬。教练员在家庭和工作中扮演着多重角色，因此他们很容易出现上述"工作—家庭"冲突的特征。

2. 关于"工作—家庭"促进

个人在某一社会系统（工作或家庭）中所扮演的角色，对于另一系统（家庭或工作）中的角色表现和系统整体运作的贡献程度，被称为"工作—家庭"促进。推动的要素包括参与、收益和改进，这三个要素缺一不可。个人在某一领域的各项活动中所投入的程度，被称为"参与"，因为个体对该领域活动的参与和投入，有助于其在其他领域中施展才华。在某一特定领域的活动中，个体所获得的回报被称为"收益"。所谓"改进"，则是指在一些诸如问题解决或人际沟通等基础流程中有改进。

“工作与家庭”之间存在着一种相互促进的关系，即在工作中的投入可以促进家庭生活的发展，这种关系被称为“工作→家庭促进”；而在家庭角色中的投入也可以促进工作的发展，被称为“家庭→工作促进”。韦恩等人认为，人物行为的输入能够产生发展型资源（如技术、知识）、情感型资源（如信心、情绪）、资本型资源（如效率型资源），并将其转化为其他人物行为，进而对人物行为产生影响。家庭角色的参与受到工作所提供的多种资源的积极影响，包括但不限于收入、自我实现和受到尊重等。此外，家庭所提供的个人资源在获取工作角色方面也具有积极的促进作用。

（二）教练员“工作—家庭”关系的平衡

教练员的“工作—家庭”关系是一种客观存在，不可避免。这些关系会深深影响到教练员的家庭和谐、生活质量、工作绩效等，所以教练员个人、家庭和组织应该采取积极措施，以减少“工作—家庭”冲突并推动“工作—家庭”促进。

1. 个人应对

个体在应对难以承担的个人资源管理需求时，需要进行认知和行为上的积极探索。在积极心理学背景下，应对研究主要集中于对情绪调节策略的探讨上。丹尼斯等将应对风格划分为两个维度：一个是基于问题和情感的关注，另一个则是基于认知和行为的方法。针对“工作—家庭”冲突，9 个人有四种应对策略可供选择，分别是直接行动、寻求帮助、积极思维和回避 / 退让。不同年龄和职业类型运动员在应对“工作—家庭”冲突时存在着显著差异。教练员在应对“工作—家庭”冲突时，可以借鉴上述四种策略，以应对个人工作与家庭之间的矛盾。前两种方法是通过对行为问题的关注来施加控制和解决问题，而后两种则是通过对认知情感的关注来施加管理压力。

（1）直接行动和寻求帮助

教练员个体可通过直接干预以改变导致“工作—家庭”冲突的环境因素，并寻求与他人合作和协助，以推动“工作—家庭”冲突环境因素的变化，从而降低或消除冲突。这两种策略皆以改变问题产生的环境为手段，以减少或消除冲突为目的，因此被归类为“问题中心型策略”。

（2）积极思维和回避 / 退让

除了对冲突环境因素进行改变，教练员还可以通过对个人认知或情绪进行控制和管理，以减少或消除冲突的影响，而无需对问题产生的环境进行改变。消极思维会导致运动员对冲突的认识不足，进而使他们不能有效地应对冲突。教练员通过运用积极的思维或认知方式，以控制自身的知觉为手段，从而减少“工作—家庭”冲突所带来的负面影响。教练员个体为了减少冲突的影响，常常采取回避或退让的策略，即通过忽视或忽视冲突的存在来达到目的。此外，由于不同情境下所使用的心理机制、应对方式及对事件性质认识上的差异，在处理这些冲突时，教练员往往会采用相应的解决方法。这两种方案被归类为“以情感为中心的策略”。

2. 家庭支持

教练员在家庭和工作领域面临的压力可以通过家人的鼓励和理解等支持行为得到缓解，从而减少“工作—家庭”冲突的发生。教练员在面对“工作—家庭”冲突时，得到家人特别是配偶提供的情感、物质、信息和陪伴等方面的家庭支持，可以有效缓解对方在其他领域所承受的压力。通过提供配偶支持，可以缓解夫妻关系紧张所带来的压力，减轻“家庭—工作”冲突的影响，同时有助于促进“工作—家庭”的良性发展。

3. 组织干预

教练员所在的国家队以及省市项目管理中心（运动队）等，是主导组织干预的核心力量。为了缓解教练员在工作和家庭之间的矛盾，提高工作绩效、组织承诺和工作满意度，组织采用了一系列策略。教练员的组织应对策略的关键在于创造一个支持性的工作环境，其中包括正式制度、家庭友好政策以及管理层的支持，这些政策在缓解“工作—家庭”冲突方面发挥着一定的作用。正式的制度体系由政策和福利服务两大要素构成。教练员在政策的指导下，能够享受到灵活多样的工作安排，包括但不限于正常的节假日、重要比赛前的休闲娱乐、赛后时间的适度自由安排以及舒适宜人的办公环境。通过实施家庭友好政策，可以有效减轻因“工作—家庭”冲突所带来的心理压力等不利影响。教练员在得到管理层的支持后，不仅能够感受到更高水平的社会支持，同时也能够更好地平衡工作和家庭责任感，从而有效地减轻工作和家庭带来的消极压力。组织对家庭的支持主要体现在为教练员承担家庭责任提供必要的支持，包括为教练员的子女、父母、祖父母、配偶、亲属等提供必要的协助和支持。

三、教练员的职业共生

（一）关于“社会共生”理论

1879 年，德国生物学家德贝里首次提出了“共生”的概念，该概念描述了两种或多种生物之间的相互依存和相互作用，从而形成了一种共同生存和协同进化的共生关系，以满足其生存需求。在共生关系中，一方向另一方提供有益于其生存的支持，同时也得到了对方的协助。共生关系是生物进化过程中产生的一种现象。这两个生命体共同居住，相互依存，相互激发。

在社会学的领域中，人类社会的研究可以从“共生”这一概念中汲取灵感和启示，为社会科学工作者提供借鉴。胡守钧是一位社会学家，他的观点是，人类在一个社会里，要想活下去，就一定要有一种互相依赖的关系，即社会共生理论。

从整体上来看，社会共生理论是建立在生物共生理论中的一些概念和法则的基础上，并与人类以及人类社会本身所具有的特殊特点相结合，从而对人类的社会现象展开了一系列的归纳和分析，从而探索出了人类社会存在和发展的基本规律。所以，从本质上讲，社会共生论就是一种从共生论的视角对人类社会现象进行剖析和研究的社会论。这表明，共生体既是一种自然界的现象，又是一种社会性的现象；共生体既是一种生物身份，又是一种社会性身份。

（二）教练员的“职业共生”

每一个人都生活在共生网络里，社会由各个层面的共生系统所组成。由于教练员生活在不同的场域中，所构建的网络有所差异，本书仅探讨教练员职业工作领域的共生。教练员的职业共生是指教练员与运动员、科技人员、教练员等主体之间互利共生、和谐发展的工作状态和工作模式。

教练员的“职业共生”至少包括了四个方面的含义：其一，两个以上的独立主体的共同存在；其二，教练员等共生主体是为了提高各自对环境的适应能力，获取某些资源，共生主体要在合理的“度”之内分享资源；其三，共生主体的共同存在是相互需求的、动态的、活生生的；其四，“共生”包含了合作与竞争，在合作中竞争，在竞争中加强合作。“共生”不仅仅包含存在、生存，不是事物的简单延伸，而是吸收了新的质、新的内涵、新的要素，从而有着改进、提高、优化、发展含义。

1. 教练员与运动员的共生

教练员与运动员的关系是一种社会共生关系，即处在一定历史时期、社会制度、文化系统中的教练员和运动员之间的互利共生、和谐发展的生存状态和生存模式。在竞技体育运动中，教练员与运动员之间的互动关系是一种根本性和核心性的纽带，它对于竞技体育运动的成功具有至关重要的影响。运动员的竞技表现、训练满意度、训练投入以及职业生涯等方面，都深受教练员与运动员之间的共生关系所影响，这种关系的重要性不言而喻。为了满足运动员的需求，教练员必须具备足够的资源要素能力，以确保他们能够胜任相关工作，其主要包括教练员的文化资本、社会资本以及教练技术等。运动员所能满足教练员需要的“资源”主要体现运动员进步给教练员所带来的成就感、荣誉等精神鼓励以及金钱等物质鼓励。教练员与运动员欲建立或维持共生关系需要特定的约束条件，这也是二者所必须遵守的条件，这些条件包括尊重与信任。按照澳大利亚著名教练员罗尼的观点，教练员与运动员之间的关系如果没有信任和尊重，运动训练过程将不可想象，因为信任和尊重既是运动员获得自信的来源，也是教练员有效执教的基本动力。尊重和信任不仅能够改善教练员与运动员的人际关系，更能够增加教练员实施训练计划的效益。信任和尊重可以导致运动员尽早进入运动状态、提升注意力及增强对计划的执行能力。

2. 教练员与教练员的共生

教练员之间的共生亦属于职业共生的重要构成，既体现了教练员之间的竞争与合作，更体现了其互补性。教练员和教练员之间的互动和合作以及在训练过程中的行为表现，构成了一种相互补充的关系，即互补性。教练员之间的互补性体现在一种相互促进、不复杂的氛围中，共同致力于提高运动项目的整体竞技水平。

教练员之间“资源”的需求更多是相互之间训练理念、训练方法与手段的相互学习与借鉴，运动项目领域信息的共享等。教练员之间共生的约束条件则是教练员的职业道德规范、运动项目管理办法以及体育的相关政策等。

3. 教练员与科技人员的共生

教练员训练水平的提高及其“带训”队员成绩的获得离不开科技人员的保障、科技人员自身的发展（如职称递升、课题申报与完成等），也离不开教练员的参与，这无疑构成了互益共荣的教练员与科技人员的共生关系。其实，国家体育总局重视运动训练复合型团队建设也正说明了这一点，倡导以教练员与科技人员的共生关系构建。教练员与科技人员的共生关系建立在互益共荣条件之上，通过合作达成相互促进、相互提升、共同收益的目的。教练员需要从这一社会网络关系中获取资源，也就是科技人员的服务保障，以尽快解决运动训练中出现的问题，在比赛中取得优异成绩。科技人员则是通过合作履行科研（服务）职责以及完成科研绩效，高水平运动队的科技需求是科研人员获取攻关课题不竭的来源，直接参与高水平竞技训练实践是科研人员从事攻关服务最好的平台和途径。教练员与科技人员共生的约束条件则是基于职业道德（譬如科研过程中的保密）、科技服务保障协议以及国家不同层级职能部门制定的人才科研相关政策等。

4. 教练员与上级领导的共生

无论教练员处于哪一个层次，均会与领导产生必需的共生关系，这种关系体现了二者之间的博弈平衡与共存。就教练员而言，教练员的发展离不开上级领导的支持，教练员在运动训练过程中遇到的经费、物质等困难的解决需要上级领导的帮助，而上级领导受制于竞技体育体制的影响，如何完成上级规定任务也是其所面临的问题，一方的存在影响到另一方的存在。因此，教练员与上级领导的共生关系实际上是一种博弈平衡和共在关系。

第二节　教练员的社会支持

一、社会支持方面

“社会支持”是一个多维度的概念，它涵盖了个体内在认知因素和环境因素的相互作用，从而形成了一个复杂的社会支持网络。它作为科学研究的对象和专业概念，该概念的内涵尚未达成共识，因此研究者从多个角度对其进行了不同的解读。

据某些学者所述，社会支持是指人们通过与他人建立联系而获得的情感支持和关怀，这种支持可以减轻心理压力、缓解紧张状态、提高社会适应能力。

根据社会支持的相关研究，本书认为教练员的社会支持主要包括情绪支持（如共鸣、情爱、信赖、倾听、尊重、关怀、理解等的亲密互动）、手段支持（包括金钱或实物等的有形援助、劳动分担等具体的行为支持、制度支持）、情报支持（提供应对情报、建议等）、评价支持（提供关于自我评价的信息），主要来源于国家支持、组织支持和个体支持三个方面，并且不同支持主体对教练员的支持内容往往会有所侧重。

二、国家支持方面

（一）国家支持的特点

国家层面对教练员的社会支持主要表现在以下几个方面：一是加强制度供给。制度包括长期的和短期（阶段）专项性措施，体现了国家层面的手段支持。国家人事、体育、教育等部门是教练员国家支持的主体，这些支持主体通过建立、完善和落实与教练员相关的制度，譬如教练员培训制度、教练员职称等级制度、教练员选拔制度、教练员奖励制度等，力图确定教练员的职责义务，加强教练员的权益保障等。二是专项创新性活动。国家行政部门通过实施一些专项性创新性活动，推动教练员发展或给予教练员特定的社会支持，这些活动涉及教练员荣誉等精神层面的内容。这些社会支持一旦使用合理，往往会激发起教练员的工作热情，能够激励教练员将精力投入到运动训练和推动项目发展过程之中。

（二）国家支持的重点及方式

1. 教练员岗位培训制度

教练员岗位培训是一项针对不同运动项目和技术职务等级要求的培训计划，旨在提高教练员的指导训练、竞赛指挥、队伍管理和职业道德水平，以增强其综合职业能力为目标。教练员岗位培训分为基础培训和继续培训两个部分，其中基础培训是获得任职和晋升资格所必需的，而继续培训则是晋升上岗后的必要环节。从1987年起，经过对体育教练员岗位培训制度研究，并制定初步方案并进行试点、建立制度框架并逐步推广、逐步完善制度并全面实施培训三个阶段的长期努力，具有中国特色的体育教练员岗位培训制度框架已基本形成，体育教练员岗位培训初见成效。田径、游泳、体操等18个奥运会的重点项目是教练员岗位培训制度的核心，该制度正在逐步推广。我国教练员队伍的继续教育正朝着规范化、制度化的方向发展，尽管已经建立了相应的培训制度，但与现行职业培训制度的要求相比，仍存在一定的差距。

2. 教练员职务等级制度

1994年，中华人民共和国人事部和中华人民共和国体育运动委员会（现国家体育总局）联合发布了《体育教练员职务等级标准》（以下简称《标准》），旨在激发我国体育教练员的积极性和创造性，提升其训练教学水平和指挥、管理能力，以促进我国体育运动技术水平的快速提升，该标准是体委系统从事体育训练教学的教练员唯一适用的文件。作为体育委员会系统中从事体育训练教学的教练员，其聘用和晋升专业技术职务所需的唯一适用文件。教练员的名称、等级、岗位职责、任职条件、审定权限、职务聘任和晋升等，均在《标准》中得到了详细规定。

3. 教练员选拔制度

教练员通过选拔与竞聘进入更高层次的运动员队伍或教练员队伍，往往是其能力的体现或专业水平的表现，这对教练员专业发展具有重要意义。这种选拔（激励）能够激发教练员的工作热情和工作投入。国家有关部门也积极推进教练员的选拔工作，譬如，国家体育总局在2015年制定了《国家队运动员、教练员选拔与监督工作管理规定（试行）》（以下简称《规定》），通过制度规范了国家队教练员选拔工作的监督与管理，提高选拔工作的科学性和透明度，确保选拔工作的公开、公正、公平。《规定》要求各运动项目管理中心国家队的主（总）教练员原则上通过竞聘上岗方式产生。主（总）教练员竞聘的办法、条件、程序和方式由单项体育协会教练员委员会提出并经项目中心主任办公会同意后实施。国家队根据相关规则制定项目协会的教练员选拔实施细则，并开展国家队教练员选拔与竞聘工作。其实，这些工作从社会支持角度看，都是国家层面对教练员支持的重要举措。

【案例】国家田径队公开面向社会招聘田径教练员：

国家田径队教练员竞聘会议2017年10月25至27日在北京举行。为了组建强有力的国家队，选聘思想觉悟高、业务能力强、愿意承担2020年东京奥运会任务的高水平教练员，根据田径项目备战东京奥运会备战方案的整体部署，国家体育总局田径中心决定面向全社会公开招聘国家田径队教练员。

为保证竞聘工作有序开展，田径中心成立了竞聘工作领导小组，同时还成立了国家队竞聘工作专家组。专家组将根据参与竞聘教练员的应聘条件、竞聘陈述和思想业务能力表现等对竞聘人员进行评估并向领导小组提出推荐人员名单，领导小组根据专家组建议组织集体审议，最后确定国家队教练员人选。

此前，田径中心已经在10月11日发布了招聘通知，公布了国家队21个公开招聘的岗位、条件和竞聘程序。在规定的时间内，共收到来自国内18个省市部队院校的31名教练员的报名。

4. 教练员奖励性制度

教练员的奖励包括物质奖励和精神奖励两方面：

在物质奖励方面，为加快发展我国体育事业，调动教练员的积极性和创造性，提高运动技术水平，根据《国务院关于机关和事业单位工作人员工资制度改革问题的通知》和人力资源和社会保障部、国家体委《关于印发（体育运动员、教练员贯彻事业单位工作人员工资制度改革方案）的实施意见的通知》等文件精神，国家体育总局制定了《运动员教练员奖励实施办法》（以下简称《奖励办法》)。《奖励办法》规定，教练员的奖励应根据比赛（培训）成绩并结合政治思想、道德作风、法纪观念等方面的情况全面评定，教练员所培训的运动员获得奖励名次或创纪录的，该教练员获得培训成绩奖，培训成绩奖金标准与所培训的运动员奖金标准相同。

在教练员的培训成绩奖金数额内，要根据培训该运动员的时间和实际贡献，现任主管教练员、输送教练员和本队其他有关教练员的奖金等。在精神奖励层面，为了鼓励教练员工作，国家有关部门制定了多种专项政策并开展有关工作。

（1）体育运动奖章授予

为鼓励和表彰优秀运动员、教练员在年度重大国际比赛中取得的优异运动成绩和为国家作出的突出贡献，根据《中华人民共和国体育法》制定了《运动员、教练员体育运动奖章授予办法》等。根据相关政策，各级体育行政部门积极推进教练员的相关奖励工作。

例如，国家体育总局为了表彰2016年度取得优异成绩的运动员和教练员，根据《运动员、教练员体育运动奖章授予办法》的规定，决定授予徐国义等112名教练员2016年度体育运动荣誉奖章，授予韩冰岩等74名教练员2016年度体育运动一级奖章。

（2）精英教练员选拔与资助

为了培养一批具有国际视野、创新思维和较高执教水平的领军型教练，推进竞技体育可持续发展，国家体育总局在2012年制定了《国家体育总局精英教练员双百培养计划实施办法》，组织实施《精英教练员双百培养计划》（以下简称《双百计划》）。《双百计划》规定，国家体育总局分别给予专业运动队教练员和业余训练教练员每人30万元、15万元的资助。国家体育总局将对获得资助的教练员进行专门培训和培养，主要方式包括选派教练员到相应的国家队和国家青年队等执教、学习、培训，开展训练参赛关键问题研究与协作攻关，组织精英教练员出国研修和参加国际、国内大赛观摩和高层次培训等。

同时，《双百计划》也规定了获得资助教练员的义务，譬如：获得资助教练员将作为国家体育总局教练员学院培训讲师，承担教练员培训任务；获得资助教练员在三年资助期间，须每年填写《精英教练员双百培养计划年度进展报告》，报告材料内容包括本项目国内外专项训练理念、训练方法和技战术发展趋势的研究报告，项目规律的专题研究报告，年度训练参赛计划及总结报告，重点运动员培养典型案例，复合型团队建设和攻关情况，参加各类学习、培训总结，发表论文和出版专著等。

国家体育总局组织申报、选拔精英教练员工作，截至2018年，共计100人获得资助（2017年60人，2018年40人）。在培养实践上，国家体育总局分别于2017年和2018年派送获得资助的精英教练员赴澳大利亚和美国参加培训。

【案例】国家体育总局精英教练员证书授予暨2018—2020精英教练员双百培养计划专业队资助对象开班仪式举行：

由体育总局竞技体育司主办、体育总局教练员学院承办、南京体育学院协办的国家体育总局精英教练员证书授予暨2018—2020精英教练员双百培养计划专业队资助对象开班仪式于5月30日上午在南京体育学院举行。

竞技体育司、中国体育报社、南京体院，浙江、江苏、天津等体育局领导和总局精英教练专业队资助对象共计100人参加了会议。会上，南京体育学院杨国庆院长致辞，郭涛介绍了总局教练员学院培养工作经验做法。柔道教练吴卫凤作为第一期精英教练员资助对象代表发言。在发言中，他谈到精英教练员双百计划的实施为自己提供了高端培养平台，开阔了视野，提升了境界，提高了认识把握项目规律的能力，为在世界大赛和奥运会上取得优异成绩提供了强大力量。黄文红作为新入选的第三期精英教练员专业队资助代表，在发言中表示，在未来三年培养周期内将严格遵照总局要求，端正态度，完成好各阶段培养任务。张亚东、王伟中作为培养单位代表介绍了精英教练员资助对象培养的具体措施。

竞技体育司刘国永为完成资助培养计划的第一期和第二期精英教练员颁发了“国家体育总局精英教练员”证书，并与第三期精英教练员专业队资助对象培养单位签订了培养责任书仪式。刘国永在讲话中指出，精英教练员是决定我国竞技体育发展的第一资源，是我国体育发展的战略资源。精英教练员《双百计划》是国家体育总局实施的一项战略举措，前两期培训我们积累了一定的经验，培养出一批专家型教练，总结出版了《精英教练员执教之道》等著作，成为我国优秀教练员总结执教理念与训练方法的成果，加快我国训练理论与方法的创新步伐，得到全国体育界广泛认可。在未来第三期精英教练员培养过程中，我们将认真贯彻落实局党组“以备战促改革，以改革强备战”的指示精神，不断总结培养工作经验，同时，根据东京奥运会和北京冬奥会备战需要，做好精英教练员培训工作的制度设计和体系建设，创新培训内容和培训形式，积极为教练员学习培训创造条件，组织好出国培训，组织系列学术活动，进一步提高培养质量和效益。

刘国永还强调，精英教练员资助对象培养单位要高度重视精英教练员培养培训工作，将精英教练员培养作为本单位、本地区和本项目发展的重要措施，还要做好经费使用和管理工作，发挥好经费使用的最大效益。精英教练员资助对象要做珍惜机遇，珍惜荣誉，不负众望，在三年资助培养期间不断提升自己的职业境界，树立远大奋斗目标，主动学习，系统思考，在行为上高标准严要求，不断提高业务水平和执教能力，努力带动本单位、本地区、本项目的训练科学化水平。牢记仲文局长提出的“具有国际视野，学最好的别人；立足国内实际，做最好的自己”的殷切嘱托，真正把自己打造成精英教练员。

（3）专项创新活动

专项创新活动往往是根据具体任务而设置，譬如，师徒同台领奖。同台领奖是国家体育总局针对第十三届全运会推出的一项专项性创新活动。2017 年，体育总局印发了《关于第十三届全国运动会实施教练员激励政策的通知》，要求第十三届全国运动会颁奖仪式上为前 3 名运动员（队）颁发奖牌的同时，要为教练员颁发奖牌，还要在单项成绩公布和成绩册上标注主管教练员等。这一做法的主要目的就是国家体育总局为充分肯定教练员在竞技体育训练竞赛工作中的作用，激励教练员为竞技体育人才培养多作贡献。教练员同运动员一起上台领奖也成为全运赛场一道亮丽的风景线，对教练员具有很大的激励作用。

【案例】第十三届全运会教练员运动员同台领奖：

随着颁奖乐曲的响起，运动员和教练员共同登上领奖台，迎接着观众们的欢呼声这一幕在全球大赛中罕见，但在全运会上却成为司空见惯的场景。为了激发教练员的积极性，第十三届全运会推出了一项改革措施，旨在提高他们的工作热情和积极性。在全运会中，教练员和运动员携手登台领取奖项，这是一项极具创新性的举措。当运动员登上领奖台、获得奖牌的那一刻，全场观众的欢呼声和耀眼光芒都聚焦在他们身上，这也是他们刻苦训练、奋勇拼搏的真正价值所在。

然而，作为一名教练员，所付出的心血和汗水并不亚于运动员，甚至可能比他们更加巨大。在运动员的训练过程中，他们必须全神贯注地关注每一位队员的训练进展，不遗余力地投入到每一个细节之中；除了进行训练外，我们还需要制订一份详尽的训练计划，并与队员进行深入的心理交流，以了解他们的内心状态，从而为他们提供必要的心理支持，减轻压力，付出更多的心血；在比赛过程中，必须时刻保持高度警觉，对比赛情况进行严密监控，以确保没有任何疏漏。颁发奖项给教练员和运动员，这是一种创新的方式，可以让他们共同感受到现场的掌声和认可，同时能够增强他们的荣誉感，激励他们更加刻苦钻研，培养更多优秀的运动员，为祖国和自己赢得荣誉。从另一个角度来看，这项创新体现了对教练员的高度重视，同时也彰显了全运会注重人性化的一面。

第十三届全运会乒乓球比赛颁奖结束后，冠军教练员邱贻可表示：“同队员们一起站在领奖台上，是对我们工作的肯定，也是一个激励。当然，奖牌不只是教练员的功劳，更是我们一个团队努力的结果。”国家拳击队的教练王延凯认为：“教练员在全运会上第一次和运动员一同登上领奖台，是国家体育总局看到了教练员的辛勤付出给予教练员一个展现自己的机会。这种荣誉对教练员们是极大的鼓励，也让大家感到多年含辛茹苦地默默奉献与付出是值得的。”“我们非常开心，也非常感谢国家体育总局给予的机会。我们一定会更好地完成自己的本职工作，力争多培养优秀运动员为国争光！”

三、组织支持方面

（一）组织支持的特点

组织支持是艾森伯格等基于社会交换理论和互惠规范提出的概念，是指员工感受到来自组织对自己的关心、支持、认同等。组织的支持不仅仅是对员工的尊重和亲密支持，还包括为员工提供日常工作所需的信息、培训、工具和设备等工具性支持，以确保他们能够高效地完成任务。据国内研究指出，组织支持的构成要素包括对工作的支持、对利益的关注以及对员工价值的认同，这三个方面共同构成了组织的支持体系。

个体为何需要从组织中获取支持，或者组织为何会为个体提供支持，这是一个值得探究的问题。缓解职场压力是组织为员工提供必要支持的不可或缺之举。据国内研究指出，组织支持的构成要素包括对工作的支持、对利益的关注以及对员工价值的认同，这三个方面共同构成了组织的支持体系。早在塞里（H.Selye）提出“压力”概念之时，该学者就认为压力有积极与消极之分，即良性—劣性压力。根据卡瓦诺等的研究，工作压力可根据其特性分为具有挑战性和阻断性两类。挑战性压力是指个体认为对其职业生涯发展和自我成长有利的工作压力，包括工作超负荷、时间压力、工作职责多、岗位责任大等。阻断性压力是一种工作压力，它会对个体的职业发展和自我成长造成阻碍，表现为角色不明确、组织政治不稳定、工作不安全以及职业发展受阻等。

此外，研究表明，社会支持的直接效应已被广泛证实，它有助于减轻个体感知到的工作压力（源），并促进其形成积极的工作态度和行为倾向；通过提供社会支持，个体能够有效地应对各种压力情境，从而降低压力所带来的潜在危害。

教练员同样面临着来自多方面的压力，然而，通过获取组织提供的社会支持，以缓解或消除工作中的压力，是他们的主要目标之一。

基于前文分析，教练员在组织社会支持方面，需要提供情绪、手段、情报和评价等多个方面的支持措施。因为不同教练员所处的领域不同，所以本书所探讨的“组织”包括运动队、俱乐部等。

（二）组织支持的重点及方式

1. 教练员的绩效评估

在普通组织中，上级被授予了传递组织的核心价值观、目标以及对员工工作绩效进行评估的职责，这是组织赋予的权力。建立一套有效的绩效管理机制，以提高教练员的工作绩效，为其提供实时的绩效指导，通过绩效计划将组织目标落实到教练员的个人层面，该机制基于绩效监督评估，经过反馈和调整，最后达到教练员个人绩效目标与组织目标的一致。教练员的绩效管理体系应当包括一系列环节，如绩效计划、实施、评估和反馈，以组织指导、帮助和培训的方式，推动教练员的成长和提高。因此，在运动队和职业体育俱乐部中，建立一个全面的教练员工作绩效评估框架，对于激发教练员的工作热情、缓解其工作压力等方面具有至关重要的作用。

2. 教练员的待遇与工作条件

待遇与工作条件包括薪酬、奖励、晋升、工作自主性、提升工作能力的培训等。薪酬、奖励和晋升体现了对教练员工作表现及贡献的认可。国家支持内容中已经分析了国家层面制定的教练员奖励、晋升制度和具体措施等，各省市根据《关于印发〈体育运动员贯彻事业单位工作人员收入分配制度改革方案〉的实施意见》也纷纷制定了各自的教练员奖励办法。在薪酬上，要结合教练员所在的场域建立薪酬体系，竞技体育体制内的教练员多是事业单位人员，薪酬根据国家相关规定执行。工作自主权是组织员工对自己的工作方法、步调和完成既定工作任务的控制程度，组织通过提供工作设计以及发展规划指导等来建立组织成员工作自主性的实践机会和平台，工作自主性是对教练员工作的高度信任。因此，作为组织如何建立合理的规章制度和运行机制保障教练员工作自主性，考验着组织的支持力度及效果。培训是对教练员自我发展的组织承诺兑现，教练员参与国家层面组织的教练员培训是一条重要渠道，但是这一渠道明显太窄，国家层面的培训多是针对教练员中的精英而展开。因此，各项目协会或项目运动管理中心要开展全方位、多轮次、多人次的教练员培训，以满足教练员培训需求。

3. 教练员的组织公平

在组织中，员工所感知到的公正是组织公平的体现。在现代管理理论中，组织公平是一种重要的激励因素，它可以提高员工工作绩效，增强组织凝聚力。公平的组织形式可以分为三种，分别是资源分配的公正性、程序执行的公正性以及互动交流的公正性。员工对所获得的报酬（即分配的结果）感知到的公平和用于报酬决策的方法（或程序）所感知到的公平，以及个人所感受到的人与人之间交往的质量，均构成了分配公平、程序公平和互动公平的不同方面。①

此外，公平在组织中也可被划分为两个方面：第一个方面是客观状态下的组织公正。在这个层面上，通过对各种组织制度的不断完善和创新，制定相应的流程和措施，可以实现组织的公正性和透明度；第二层面是在组织中，成员对组织的公正性产生了一种主观感受，这种感受被称为组织公平感。这两者之间存在着某种联系，然而也存在着一些差异。员工对公平制度的认知和接纳程度直接关系到其对员工行为产生的影响力是否得到充分发挥。因此，在组织行为学的视角下，确保组织的公正性对于每个个体都具有至关重要的意义。组织公平不仅能激发员工的工作积极性和创造性，而且可以提高员工与企业之间的关系质量，增强其归属感、责任感及成就感，进而提升组织绩效水平，促进组织目标实现。在教练员所处的组织中，存在着一种不可避免的组织公平现象。因此，本书将运用组织公平理论对教练员的组织公平问题进行深入剖析。

（1）分配公平感

美国心理学家亚当斯提出了著名的“公平理论”，也称为“社会比较理论”，是美国心理学领域中备受瞩目的理论之一。他强调，员工的公平感主要源于对报酬数量的公正性的感知，员工总是将自己从组织获得的回报与对组织的投入（包括个人技能、努力、教育、培训、经验等因素）的比例，以及与他人的产出和投入比例进行比较。当比例失衡时，会引发一种不公平的情感体验。在面对不公正的感受时，个体会承受一种压力和焦虑，从而引发对社会公正的重新构建。这种

① 陆雄文. 管理学大辞典 [M]. 上海：上海辞书出版社，2013.

重新构建的方式涵盖了心理和行为两个层面，包括改变自身的投入和他人的产出，重新认知自己的投入和产出，对他人进行干预（例如改变或重新认知他人的投入和产出，或迫使其离开），或者改变比较对象，或者选择自己的离开。教练员对于运动队或俱乐部报酬的分配结果是否公正的感受，即为其分配公平感。它是影响教练员工作态度和行为以及团队凝聚力等因素之一。教练员因感受到分配不公平，导致其工作绩效下降，与同事的合作减少，从而降低了工作质量。

（2）程序公平感

教练员对所采用的报酬决策方法（即程序）的公正性感受，即对其公正性的感知。在许多情况下，程序公平感是影响运动员成绩发挥和运动团队凝聚力的一个重要因素。当教练员认为决策过程缺乏透明度时，往往会导致对组织的忠诚度下降，从而引发更多的懒惰和低绩效行为。

为确保教练员程序的公正性，可以借鉴以下标准：一是需要遵循一致性规则，即在不同人员或时间的分配过程中，程序必须保持一致；二是在资源分配的过程中，必须摒弃个人私利和偏见，以确保公正公平地分配；三是在作出决策时，必须以准确的信息为基础，这是确保准确性的规则之一；四是可修正规则，也就是说，决策应该有机会进行调整和修改；五是代表性规则，程序的分配应当考虑到所有相关人员的利益，以确保其代表性和反映效果；六是道德与伦理规则。在分配程序中，必须遵循普遍认可的道德和伦理准则，以确保其合理性和公正性。这些规范主要涵盖了实现组织公正的核心流程，若组织严格遵循这些规范，教练员的公正感受将得到提升。

（3）互动公平感

互动公平也可称为“人际关系公平”，是个人所感受到的人与人之间交往的质量。格林伯格认为互动公平包括两种成分：一种是人际公平，主要指在执行程序或决定结果时，权威或上级对待下属是否有礼貌、是否考虑到对方的尊严、是否尊重对方人格等；第二个方面是关于信息公正，它强调的也就是对信息公正的要求作出合理的说明，比如，为何要采取一定的程序，为何要以一定的方法来分配报酬。事实上，教练所在的运动队或俱乐部的经理是否能够在执行过程或作出决策时给予教练足够的尊重，这一点很容易被教练察觉，也可能是教练在平时的工作中，经常会形成一种印象或自己的判断。无论在何种情况下，教练都是第一个接触到并作出相应反应的人。因此，信息提供方必须对教练的行为作出正面的回应。

在此基础上，组织的管理者应该从以下几个方面来建立教练员的组织公平感：

①建立科学的绩效评估和薪酬体系。根据公平分配的原则，员工感受到公平分配的核心在于投入和回报的平衡。目前，衡量教练员投入的标准主要涉及道德、能力、勤奋和绩效等多个方面，如何对教练员的贡献进行科学、准确的评估，是确保教练员获得公正分配的基础。在进行教练员评估时，必须建立一套可靠的、系统化的绩效评估框架，以严谨科学的方式实施绩效评估，并将评估结果与晋升、培训和薪酬紧密结合。此外，必须精心构建教练员薪酬（奖励）体系，以确保其高效运作。在构建薪酬体系时，必须同时考虑到内部和外部的公正性，以确保公正和公平地分配。教练员的薪酬（奖励）应当根据其岗位、职责、业绩和比赛类别等因素进行分类，形成一个内部系统，以确保在相互比较时，教练员能够感受到分配的公正性。为了实现外部公平，我们应该尽可能采用与其他省市同等条件下相似的薪酬，而不是采用社会上相同、可比的岗位。如果薪酬差距过大，教练员可能会面临工作投入不足的问题。

②完善教练员的参与制度。根据瑟保特和沃尔克的研究，不管最终的分配结果是否公平，只要员工有参与的权利，而且实际参与了，公平感就会显著地提高。教练员的参与具有多重益处，其中之一是能够代表教练员的权益，从而确保分配方案的公正性；其次，即使是暂时不合理的制度，只要严格遵守分配制度的执行，教练员也会感受到公平的氛围，因为制度的执行可以受到监督；在运动队或俱乐部中，虽然教练员与上级之间的权力距离较大，但提供教练员参与的渠道可以促进上下级之间的交流与理解，从而改善上下级关系。教练员可以参与的组织体系包括运动队或俱乐部的战略规划、资源分配、激励机制、晋升机制以及绩效评估等多个方面的制定和实施。这些制度对于调动广大运动员参加训练比赛的积极性具有积极作用。教练员在参与制度制定的过程中，深刻领悟到其所蕴含的原则、利弊，从而能够与组织政策的实施相互配合，有效降低改革的阻力，提升教练员的积极性。

③建立申诉制度。瑟保特等人认为，投诉对公正意识的形成有很大的作用，而如果没有投诉，则会使公正意识的形成变得很困难。在这种情况下，如何保障

这一系统的不断改进，使这一系统在合理的系统中得以有效地发挥作用，对这一系统的推进就显得尤为重要。教练员投诉的方式多种多样，一般的投诉途径为：由管理人员向上级主管部门报告；如果教练对此有疑问，也可以建立一个匿名信箱，一个投诉电话，一个网站等。

④保持制度政策的稳定性和可完善性。根据莱文瑟尔等的研究，程序公平的重要组成部分之一是确保政策的稳定性和完善性。在运动队伍和俱乐部中，许多改革和发展都是渐进的，有些政策还不够稳固，经常发生“新人新办法，老人老办法”的现象。如果机构的策略发生过多变化，那么就会违反程序公平性中的一致性原则，这会让教练感到困惑和不公。但“稳定性”是一种相对而言的稳定性，它需要在“稳定性”中具有一定的可变性，以便在“稳定性”中不断地进行调整和完善。

⑤建立协商对话制度。协商对话制度以制度的形式确保领导与群众之间、群众之间以平等的身份进行面对面的对话协商，以便做到上情下达，下情上达，彼此沟通，相互理解，达到调整各自行为，协调各方面关系的目的。协商对话具有信息交流的双向性、信息交流主体的平等性、信息交流的直接性、信息交流的高效性和准确性以及信息交流的公开性等特点。借鉴协商对话的做法，作为教练员所在的组织内部也应建立协商对话制度以及具体的运行机制。协商对话能够集中组织内个体的智慧和正确意见，使组织决策更符合组织内部群体的利益和愿望，实现决策的民主化和科学化。建立协商对话制度，能够有效地协调各种组织内部的关系，有助于统一组织成员的认识和行动。协商对话作不仅是制度规范，而且要具体实践。协商对话可有多种方式，如纵向对话，即上级与教练员之间的对话，沟通上下关系；横向对话，即组织内不同个体或群体之间的对话，增进群体的相互了解。

四、家庭支持方面

（一）家庭支持的特点

家庭支持是教练员工作的基石，对个体影响重大。教练员的家庭支持范围涵盖了配偶、子女和亲属，是建立在婚姻及血缘关系基础上的亲情支持网络。关于家庭支持，金（L.A.King）等认为家庭支持是家庭成员提供的支持，包括情感性支持（对个体的工作感兴趣）和工具性支持（帮助履行家庭角色职责）两个维度。据艾坎和阿斯金（M.Eskin）所述，夫妻之间的支持可以分为情感性支持（如倾听、理解和关心）和工具性支持（如帮助料理家务和照顾孩子）两种形式。萧（O.L.Siu）等人主张，家庭支持是一种能够激发个人工作热情的重要资源，家人则能够为个人提供实用性的建议和情感上的支持，从而有助于个人更好地完成工作任务。李永鑫等认为，家庭支持是一种社会支持，它源于家庭领域，旨在帮助个体履行工作职责，包括情感上的支持（例如家人提供的精神支持和鼓励）以及工具性上的支持（例如家人承担更多的家务），这两个维度共同构成了家庭支持的本质。

从功能上看，首先，教练的工作任务能够得到更好的完成，同时也能够提高教练的工作水平，这离不开教练家属的积极支持。随着配偶对教练的工作支持程度的提高，其与工作相关的结果将变得更加显著。同时，家庭支持程度也会对教练的工作满意度产生积极的影响。教练员在应对工作领域的角色时，家庭支持扮演着至关重要的角色，因为它可以提升工作表现，从而促进工作和家庭之间的平衡，这是家庭支持的核心功能。其次，家庭支持作为一种重要的资源，有助于教练员更好地履行家庭职责，从而对婚姻满意度、家庭时间承诺和婚姻适应等指标产生积极的影响。教练对婚姻生活的满足感与其配偶的支持之间存在着明显的相关性，配偶提供的支持越多，教练员在家庭领域投入时间和精力的意愿就越强烈。

（二）家庭支持的重点和方式

1. 情感支持

给予教练员情感上的支持是家庭支持的重点。教练员长期单一的训练工作，往往会面临一些问题，得到家庭成员给予的处理问题意见非常有必要，教练员也希望得到家人的安慰和鼓励。家庭成员之间遇到问题要及时沟通、坦诚交谈等。

2. 工具性支持

工具性支持指提供财力帮助等物质资源以及具体行为等。对教练员而言，时间和精力是其宝贵资源，资源支持主要侧重其配偶和父母激励和帮助教练员，一般涉及配偶和子女对教练员的关注度、对工作的肯定及配合度等。另外，限于工作时间关系，教练员可能在某段时间内难以顾及家庭，家人应多承担起家庭事务，配偶和父母在日常家务上越积极，越会减少个体在家庭事务中花费的时间，增加工作时间，提升教练员的工作成就感。

第七章　教练员教练技术的培养

本章主要论述教练员教练技术的培养，从三个方面展开介绍，分别是教练员的决策技术、教练员的沟通技术以及教练员的激励技术。通过对这三部分进行深入介绍、分析，以达到对教练技术更全面的认识。

第一节　教练员的决策技术

一、从众心理与决策的创新能力

从众心理，是指个人的观念与行为由于群体的引导和压力，不知不觉或不由自主地与多数人保持一致的社会心理现象。从众心理重的人容易接受暗示，依赖性强，无主见，人云亦云，常办违心的事。准确、合理地决策首先要避免从众心理，不受群体认识和态度的左右。从众，一方面给个人带来了淹没感，扼杀了个体乃至群体的创新勇气和锐气，禁锢思维，约束个性发展；另一方面，从众能够帮助自己汲取别人的经验和才智。其实，从众心理在教练员群体或运动训练过程中也普遍存在。教练员的从众心理既有个体因素，又有群体因素。

（一）个体因素

一是教练员的性别和年龄。一般而言，男性教练员比女性教练员更不容易从众。从年龄上看，年轻教练员由于对事物的理解或经验的不足，往往以其他个体尤其是某些教练员为行为参照系，从而表现出从众现象，年龄大的教练更加明显。二是教练员的个性特征。教练员个人的自信心、自尊心等都会影响到其从众观念、行为。自信心越高、自尊心越强，越不容易产生从众现象。三是教练员的资本。资本的丰富程度反映着教练员对运动训练过程的理解与把握，这些资本也是长年学习或经营积累的结果，资本越丰富，就越不易产生从众心理。

（二）群体因素

一是群体一致性。教练员在面对一致性的群体时所面临的从众压力是非常大的，也就往往容易产生从众现象。二是教练员在群体中的地位。场域中的行动者在场域中都会占据一定的位置，位置越高，所用的权力资本、社会资本等越多，越具有权威性，对他人的影响就会越明显或越不容易屈服于群体压力。

克服从众心理，并不意味着不听取他人意见，而是在他人意见基础上作出准确的决断。教练员要能从众多的决策建议、意见等中选取满意的、更为有效合理的方案，以及在紧急关键时刻（如比赛期间）或紧要关头当机立断。作为一名优秀的教练员，在日常训练竞赛中要摆脱从众心理的束缚，发现一般人不能发现的问题，捕捉到更多的成才机遇，做到训练理念、思想解放，敢于打破训练常规、大胆探索，培育自己的决策能力。

二、博学与决策的预见能力

（一）敏感捕捉能力

敏感捕捉能力是凭借对事物表象某种特有的直觉，判断事物未来的走向。这种预见性往往一时找不到事物的理性和客观论证，难以使外人理解和接受。但在训练比赛中往往会产生很多现象或信息，这些现象或信息也往往会给予启发，甚至对运动训练产生影响，也为教练员提供新的训练思路或方法。作为教练员尤其是高水平优秀教练员要有对现象的理解和提取能力，要敏感地感受到现象即将产生的价值。

（二）综合能力

综合能力是指通过许多纷繁复杂的现象发掘出宝贵的第一手客观资料，按照一定线索或科学原则对这些资料进行综合归纳和加工，从而给决策以可靠客观依据。对教练员而言，应以开放的心态准确而快速地提炼运动训练实践过程中所存在问题，并掌握解决多种方案的本领。

综合能力由两大基本要素组成：首先，教练员应本着开放与宽容的理念、态度，尽可能多地从运动训练团队中获得决策建议，尤其不应囿于常规的解决方法；

其次，对有关运动训练的多种决策建议、计划等形成有效的凝练总结，从而抓住相关决策方案的实质与核心，对各决策方案的状况与成效作出正确的评价，并对各计划执行的可能性进行分析。

（三）分析能力

分析能力是人在思维中把客观对象的整体分解为若干部分进行研究、认识的技能和本领。教练员具备良好的分析能力则有助于决策。运动训练是一种客观现象或客观事物，它是由不同要素、不同层次，不同规定性组成的统一整体。为了深刻认识运动训练过程，教练员可以把它的每个要素、层次、规定性在思维中暂时分割开来进行考察和研究，搞清楚每个环节的性质、环节之间的相互关系及其与整体的联系。

教练员可以通过以下方法提高分析能力：一是简单分解。仅列出一个清单，不指出各个对象间的内在联系或处理时的优先次序、轻重缓急。二是识别关系。根据训练任务的重要性对任务进行排序，初步认识某种情形下两个方面简单直接的因果关系。三是多重分解。分析同一问题或情况的不同方面之间的关系（例如，预测可能面临的障碍，在此基础上，制定出后续步骤或若干步骤的详细方案），把问题或者事件通过多重因果链接起来，更进一步地了解某一事件背后的诸多可能原因以及某一行为可能导致的诸多后果，或者了解某一事件各部分之间的多重因果。四是复杂分析。在复杂分析过程中，分辨出一个问题的多个方面，并且对每一个方面都作详细的解释，标明其复杂的因果关系，并采用几种演绎思维（如因果关系、轻重缓急、时间先后等），把复杂问题或事情分解为一部分，加以分析和判断；利用各类型分析方法开展复杂计划或复杂分析，并在理性分析的前提基础上，针对各系统方案的优劣特征进行判断和选择，如成功可能性、成本效益对比、需求急迫性、未来可能影响等，而不仅仅是对问题的一般分解。

（四）预测能力

教练员在指导运动训练过程中，其制定的决策和预测有着不可分割的关系。预测为决策提供了依据，而决策又是预测的验证表现，一个正确的决策就必须具有比较精确、客观和可靠的预测，如果无法精确预测就会造成决策失误。教练员要想有高超的决策能力，就必须先对已有运动训练信息、材料、数据等进行精确预测。根据相关逻辑关系和事物运行的内在规律来探讨客观物质变化过程中出现的新趋势或规律，以指导未来工作实践并借此来增强决策价值与可行性。

（五）自信力

教练员应具有足够的自信力，应能经受住时间、实践的检验，应对自己、社会和工作承担责任。在运动训练实践过程中，许多成功教练员普遍具备了这种“先知先觉”的预见意识与预见能力，这与其精深的理论素养密不可分。因此，教练员应多加研究以增强这一预见能力，并不断地增加自己知识广度、深度。

三、训练竞赛实践与决策的应变能力

应变能力，是指自然人或法人在外界事物发生改变时所作出的反应，可能是本能的，也可能是经过大量思考后作出的决策。教练员拥有良好的应变能力，就能审时度势，随机应变。努力提高应变能力，对保持健康的心理状况很有帮助。实践中，教练员的决策应变能力具体表现在以下四个方面：

（一）监测能力

所谓监测能力，是指密切关注已有决策在对应范围内的实施情况，以及掌握对应事态和时势的发展变化。例如，当一种新的训练方法在个别运动员身上进行运用后，教练员应该密切关注该名运动员的成绩表现，据此判断是否将新训练方法进行推广。

（二）反馈能力

反馈能力，即教练员能否观察决策执行过程中所产生的一系列连锁反应、掌握与决策执行过程有关的信息变化（如生理指标变化、力量速度变化等）。

（三）反思能力

反思能力，即根据实践检验决策实施效果，然后对实施效果进行归纳总结。例如，是否能在实际工作中针对异常情况达到举一反三的能力，并在决策过程中发现漏洞。

（四）决断能力

决断能力，就是在危急时刻或者发生新的情况下，当机立断作出决定的能力。这种能力对于整个事件的运行具有重要作用。

四、思想认识与决策的冒险能力

决策总有一定的风险性，事与愿违的情况下再做决策就不算是决策。一个会做决策的人并不能够在做决策之前就已经百分百地掌握。许多时候，条件成熟的时候往往就是最好的时机消失的时候，盲目地寻求完美，便会错失良机。从某种意义上说，风险与收益大小成正比，高风险、高成功、高收益都是为了弥补人承担的风险。但是就思想上来说，决策的冒险性绝非一味地冒着风险，它是科学而大胆的。教练决策的冒险性主要表现在以下几个方面：

（一）探险能力

勇于在艰苦的训练和竞赛环境或者状态中，去尝试全新的方式和途径，勇于在其他教练员无法或者还未涉足的领域中去挑战。

（二）预险能力

能够科学地分析、预测把握艰难困境的状况、要素等，以利于认识更多可测风险与可防风险，努力将决策范围风险控制在最小。

（三）抗险能力

即能否成功地抵御未知的风险。教练员制定的决策难免会与客观环境产生矛盾冲突，而如何化解这种潜在的、未知的风险，与教练员的决策抗险水平有关。

五、心理考验与决策的承受能力

决策是要承担风险的，因此在一定程度上说，决策是对决策者心理素质的一次综合检验。决策对心理承受能力要求较高，心理承受力不足的决策者很难称其为能够胜任的决策者。教练员决策承受力体现如下：

（一）自强自立能力

在受到外来因素挑战或者压制时，教练员应不甘人后，大胆进取。以一种顽强、自立的身姿应对外来的挑战。

（二）自我超越能力

不满足于现状，勇于挑战自我，敢于自我否定，追求更高的境界和更远大的目标。

（三）自我调节能力

在决策环境、决策内容发生变化时，或者决策方案与现实产生反差的情况下，决策者会以主动、冷静的态度反思自身，深刻洞察决策中的潜在风险，并及时采取自我调整措施。

（四）自我诊断能力

决策者在面对情绪低落或决策行为极度受挫的情况下，应当以理智的态度进行自我诊断和自我控制，以确保决策的准确性和有效性。

六、思维改变与决策的创造力

思维反映到决策活动中就是思路，“脑中有思路，脚下有出路”，这就是思路给决策者带来的奇妙效应。运动员训练水平出现的瓶颈期与教练员的训练思路有关，教练员对过去训练路径有依赖，思路不开阔，缺乏创新能力，乃是问题的症结与核心。很多成功的教练员在训练竞赛中出现的困境面前，往往会变换思路，更新训练理念，取得了非常显著的效果。这些教练员都表现出了非凡的思维创造力，达到了匠心独运、出奇制胜的效果。

若教练员欲获得或加强此种能力，则需在日常的训练和竞赛中养成深思熟虑的习惯，不断思考并提出疑问，这不仅有助于避免决策工作的简单化，而且有利于激发个人决策创造能力。此外，应当善于运用综合知识，运用类比思维，根据相关学科知识及技术领域出现的规律性内容、启发性行为，对决策过程进行综合处理和演绎推理，以不断创新的方式完善决策体系。

七、信息重视与决策的竞争力

运动训练实践早已证明，运动员训练水平的提高或竞赛的获胜是建立在教练员等相关人员对有关训练竞赛信息的把握程度上，信息发挥着极其重要的作用。中国体操队在每个奥运周期，尤其是奥运会的前一年，高度重视对关键竞赛对手信息的搜集工作，这对教练组发展难度动作等方面的决策发挥了至关重要的作用。作为教练员应基于信息角度提高决策的竞争能力。

（一）重视信息的价值

教练员做好信息工作，对训练竞赛、科学决策具有重要帮助。教练员应该保持较高的信息收集等意识，尽可能从一般性信息中挖掘出其他教练员难以发现的使用价值，将共享化的信息成果加以转化，形成能够为个人所利用的专属信息，为个人决策增添独特之处。

（二）正确处理信息

为了增强对信息的自主思考和接收处理能力，教练员需要以最优的适应性来处理外部事物所发出的各种信息，从而区分事物的不同属性，并将信息及时反馈到竞赛训练的各个环节中。

（三）合理使用信息

为了最大化训练效益，教练员需要对所掌握的信息进行深度加工和分析预测，以预测训练竞赛的未来发展趋势。

第二节　教练员的沟通技术

一、关于沟通的基本理解

沟通是一种信息双向流动的过程，它涉及不同的行为主体，这些主体通过各种载体感知信息，从而实现特定目标。

（一）行为主体

人与人、人与人群、人群与人群之间的互动关系是行为主体的主要表现形式。沟通是人类社会最基本的活动之一，而信息在沟通中起着重要作用。在一个完整的沟通过程中，信息的发送者和接收者都扮演着双重角色，即作为行为主体而存在。

（二）信息载体

对于人类而言，信息的传递方式可以分为本有和外有两个主要方面：人类所使用的交流媒介，即所谓的“本有载体”，指的是一种无须依赖外部物体即可进行交流的媒介，包括但不限于语言、肢体动作、面部表情、眼神等；外部的信息传递媒介，如文字、书信、电话、电子邮件和新媒体等，构成了外有载体。在一次交流过程中，常常会出现多种信息媒介载体同时存在的情形。

（三）特定目标

对于人类而言，特定目标涵盖的层面至少包括意识、行为和组织这三种。在意识层面，情感、知识和思想等因素常常被纳入考虑范围，而在行为层面，则常常涉及动作、活动和习惯等方面。在组织层面，常常需要制定明确的绩效目标，制订具体的行动计划，并营造一种有利于团队凝聚力的氛围。这些都属于管理过程中的一个重要组成部分。一般而言，交流是为了达成积极的目标而进行的。

（四）沟通的作用

通过沟通，人类能够相互传递信息，获取情感和思想的滋养。当个人在工作、娱乐或做生意时，或者希望与他人建立更为牢固和持久的关系时，交流、合作与达成协议是实现既定目标必不可少的手段。

1. 传递和获得信息

信息的收集、传递、整合和交换，皆为沟通的程序。只有通过有效的信息共享和交流，我们才能在日常生活中处理各种大小事务。掌握有效的信息传递技巧和低成本的沟通技巧，不仅可以提高自身办事效率，同时还可以积极获取信息，增强自身竞争优势。一个优秀的沟通者，能够在最短时间内获取最多的信息资讯和最快的反应速度。优秀的沟通者应当时刻保持警觉，紧盯内容的核心，及时发现所需的关键信息。通过深入了解信息内容，他们能够实现最佳的工作效率，从而节省时间和精力，提高生产力。

2. 改善人际关系

社会是一个由相互交流所构成的网络，人们之间的互动源于与周遭社会环境的互动。在现代生活中，人与人之间的交往已成为一种普遍的行为方式和社会规范，它包括人际间信息传播和情感交流等方面的内容。在人际交往中，沟通和人际关系的互动是相互促进和相互影响的。人和人之间的沟通就是要把个人对他人的思想、感情和愿望通过一定渠道传达给对方。通过有效的沟通，我们可以建立一种和谐的人际关系，而这种人际关系的和谐又能够促进沟通的顺畅进行。因此在日常工作中我们要重视人际间的沟通。相反，缺乏良好的人际关系会阻碍有效的沟通，而不适当的沟通则会进一步恶化人际关系。

（五）沟通的功能

1. 控制功能

为了规范运动员的行为，教练员将制定明确的运动队目标，分配训练内容和任务，并严格遵守运动队的规章制度。在这个过程中，教练员与运动员之间存在着一种非言语信息交流，即通过语言形式传递出来的间接沟通。如果个别运动员的行为方式引起其他运动员不满，那么其他运动员会通过非正式的沟通方式对该运动员的行为进行控制。

2. 激励功能

即清楚地告知运动员练习什么、怎样练习、怎样提高运动技能和身体素质、激发运动员责任意识等。制定和实施特定的目标，增强正确的行为观念，纠正错误的行为观念，这些过程均需借助沟通的激励功能来实现。

3. 情绪表达

对于教练员与运动员而言，运动队成为他们之间进行社会活动的主要场所，运动队中的教练员和运动员通过沟通来表达内心情感、释放个人情绪。因此，沟通为情绪释放提供了良好的表达机制，利于教练员与运动员之间的感情交流，促进相互理解，构建良好的人际关系。

4. 信息功能

通过沟通，教练员、运动员可以掌握决策过程需要用到的资料信息，教练员能确定执行的方案计划，运动员则能清楚地认识自身的努力方向。

（六）沟通的传递

运动队教练员和运动员之间人际沟通的渠道大致分为两种：一种是正式组织渠道，如正式会议、组织业务学习、教练员指导运动员训练等。这一沟通过程旨在达到统一认识、排除心理障碍、纠正言行举止、提高运动技能等目的。另一种是非正式渠道，如教练员同运动员之间的促膝交谈，这种沟通具有情境性、情绪性等特点，因其无拘无束，能较多地反映教练员、运动员真正的想法和动机，因此是两者获取信息的一个重要渠道。

运动队内部沟通的传递方式可通过语言来实现，常见的如指导运动员训练、对训练进行总结、召开会议传递信息、和运动员进行沟通等。书面沟通属于语言沟通的范畴，如运动队管理制度。通常而言，教练员与运动员两者沟通方式有许多为肢体动作、手势、神情、目光、哨音以及器具节奏声等非语言方式，所以在训练与比赛时的沟通方式有很多种，所传递的信息被用来改变运动员的技术动作、跑动路线以及激发练习热情，运用引导、满足、失望等各种目的来促使运动员行为发生变化。

二、要明确沟通的作用

沟通是领导者履行领导职能、实现有效领导的基本途径。英国管理顾问研究院研究员朗·西韦尔在其所著的《核心竞争力》一书中认为，沟通是领导者重要的核心竞争力之一，“沟通能取得非凡的绩效”[①]。构成沟通能力有两个因素：一是思维是否清晰，能否有效地收集信息，并作出逻辑分析和判断；二是能否贴切地表达出自己的思维过程和结果。思维是基础，但其重要程度远高于表达，沟通能力强有一个重要的标准，就是能实时把握对方的思维而提前作出反应，使双方的交流从语言层面上升到思维层面。沟通能力看起来是外在的东西，而实际上是个人素质的重要体现，它关系着一个人的知识、能力和品德。

① 朗·西韦尔. 核心竞争力 [M]. 北京：中国市场出版社，2008.

在日常生活、训练中，教练员的交际对象包括运动员、管理人员、其他教练员、运动员家长、医务人员、裁判员等，教练员与上述人员会产生各种关系。其中，交际最多的、最主要的是运动员、裁判员和运动项目的主要管理者。教练员和运动员存在特定人际关系，周伊符（S.Jowett）等人指出，教练员与运动员的关系是指当教练员与运动员的认知、情感以及行为彼此无意地相互发生联系时的一种情境。教练员与运动员的人际关系具有高度相互依赖特征，并可能产生积极或消极的且错综复杂的影响，这种影响由教练员与运动员如何体验彼此相互依赖的关系所决定。相关研究表明，教练员与运动员之间的“共容性’关系是影响训练效果的一个关键因素，[①] 而这种“共容性”关系是建立在双方沟通之上的。一个沟通能力强的教练员能把他掌握的专业知识、专业能力等充分发挥出来，使运动员能了解和得到他的辅导。可以这样认为：良好的沟通能力是优秀教练员教练工作的根本，保证项目团队的凝聚力，而教练员之间的沟通则是运动团队是否具有凝聚力与战斗力的关键要素之一，也是优秀教练员塑造核心竞争力的一项重要技能。教练员和运动员之间有了很好的交流和沟通，教练员一方面能够将训练管理中的“远景”和“愿景”传达给运动员，或者将训练因子作用于运动员使之能够顺利地接受；另一方面能够充分理解运动员的真实思想，从而提出客观的、建设性的建议，促使运动员主动转变态度和行为，激发运动员追求进步的心理欲望，以提高训练管理效果。

另外，竞技体育项目受裁判员影响较大，教练员与裁判员有着良好的沟通也非常有必要。运动项目主要管理者掌握着项目资源，在运动项目管理中具有很强的话语权，教练员与管理人员的沟通也显得非常有必要。教练员的成功离不开与运动员、管理人员、其他教练员和媒体等方面的有效沟通。

三、掌握必要的沟通技巧

卓有成效的沟通需要技巧，教练员应掌握基本的沟通技巧。教练员与运动员或他人沟通时，要具备倾听技巧、气氛控制技巧、推动技巧等。

---

① 尹碧昌．我国田径教练员胜任力模型研究 [D]．北京：北京体育大学，2011.

（一）倾听技巧

倾听可以促使别人把自身情况和问题倾诉出来，这一方式可以帮助别人找到解决方法。倾听技巧对产生有效影响力至关重要，掌握倾听技巧要有相当大的耐心和全神贯注的能力。倾听技巧包括如下四个个体技巧：

1. 鼓励

尝试通过鼓励的方式帮助运动员打开心扉。

2. 询问

以和蔼的语气主动询问运动员是否遇到困难。

3. 反应

认真接受运动员的建议和意见，主动回复运动员提出的问题。

4. 复述

通过复述方式确认运动员所讲的内容，避免出现歧义。

（二）气氛控制技巧

安全和谐的氛围，可以让对方更加乐于沟通，一旦沟通双方相互猜忌、批评或者是恶意中伤，都会让氛围变得紧张、矛盾，使双方的心理设防，从而导致沟通的中断或者失效。气氛控制技巧由以下四种组成：

1. 联合

用利益、价值、需要与目标等来强调双方共同的东西，营造一种融洽的氛围来实现沟通的目的。

2. 参与

激发彼此投入的态度，让目标更快地达成，为后续推进营造积极氛围。

3. 依赖

追求情境和谐安全，增加彼此的安全感，并学会接纳彼此的心理感受和态度评价。

4. 觉察

解决可能出现的“爆炸性”或高度冲突的情况，以免讨论发展成消极或破坏性的问题。

（三）推动技巧

推动技巧就是要用它来影响别人的行动，渐渐地与自己的议题保持一致。有效地使用推动技巧，关键在于用明确的积极态度，使对方接受别人的观点，并且不会产生怀疑，而是感到受鼓舞、希望完成任务。推动技巧由以下四部分组成：

1. 回馈

让对方知道你是如何看待他人的行为。这些反馈对于一个人改变自己的行为或者保持自己应有的行为都有相当大的意义，特别是在给予反馈时应采取明确、具体、不受侵害的态度。

2. 提议

把你的观点具体而明了地提出来，使对方知道你行动的方向和目标。

3. 推论

让讨论有进展性地进行，把对话的内容整理出来，在此基础上，为了讨论的需要而延伸内容。

4. 增强

用强化对方所发生的积极行为（与沟通意图相一致的动作）去影响别人，即鼓励他人去做事情。

四、清楚沟通的基本要求

沟通本身是一种深层的与人交往行为，有明确的目标，即通过沟通来解决具体问题。任何交往对象均有其独特想法和利益需求，倾注心血、谨慎与人交往，未必能达成谅解与认可。不谨慎处理必然很难取得好的有效沟通效果。因此，我们必须先有一个积极谨慎的心态，在这个基础上精心准备，认真执行，做到艺术表达、细心聆听主动回馈。

（一）认真准备

教练员应分析和识别沟通对象个人特征，包括性格特征和人际关系特征，掌握他们可能采取的态度；精心编写沟通表达的内容，力求条理清晰，言简意赅，术语浅显易懂，拟好沟通表达提纲；选择合适的沟通方式，甚至选择当面沟通，应预先确定沟通方式，如直接告知或婉言暗示、正面陈述或比喻说明等，均应预先选择、设计；提前告之交际主题内容使交际对象做好交际准备；以沟通对象意见为前提，设置沟通时间、期限和场所。

（二）严肃实施

教练员与别人特别是业务水平比自己低的人沟通时，不应高高在上，不应对沟通对象持轻蔑态度，切忌冷嘲热讽式的口气，不随便中断对方语言表达，或者心不在焉地倾听沟通对象说话等。

（三）艺术表达

表达是教练员对运动员阐述个人观点、主张、要求、建议等，是对沟通对象传递自己所思所想，这决定了表达在沟通过程中最为重要，所以表达方式的选择也变得异常重要。教练员可从下列几方面进行训练：由对方所关心的课题出发，通过多问问题诱发其思想与态度，用讨论的语气将其主张与观点转达给对方，通过请教的形式提出建议，等等。

（四）用心倾听

“倾听”是指充分给予沟通对象阐述观点的机会，站在沟通对象所表达的观点方面进行考虑，找到对方观点存在的合理之处，从而全面理解沟通对象，搜集个人不了解的信息，将被交流者导向要沟通探讨的话题，让沟通对象得到尊重，获得沟通价值。

（五）积极反馈

所谓“反馈”，是指沟通过程中对沟通对象表达的观点、思想、要求等作出态度反应，使对方理解本人的态度与思想。这样的反馈是积极的追求和付出。完整的、有效的沟通过程，不仅要建立在表达和倾听基础之上，而且还要有相应的反馈环节。反馈环节要求信息接收者及时接收信息，并对沟通对象及时作出反馈，将个人的理解与看法、态度告诉他们，以澄清在表达与聆听时可能产生的错误想法。

五、教练员与运动员的人际沟通

（一）教练员与运动员人际沟通简述

运动训练作为在教练员与运动员之间展开的双边活动，要求两者间必须协调一致。教练员要求运动员必须完成集体目标，在该过程中教练员会和运动员产生复杂的人际交往联系。教练员要靠运动员取得成绩才能证明自我，而运动员的发展与成才又离不开教练员对他们的训练与引导。实际上，运动员竞争成绩能够反映教练员执教水平。无论是在平常的训练还是在竞赛过程中，运动员随时都会遇到困难、冲突和挫折，而教练员会通过沟通给予运动员以关怀、激励，更好地激发运动员的信心，督促运动员养成良好的行为习惯，不断鞭策运动员成长成才。因此，教练员沟通行为在运动员身上能够起到最直接、最快捷的作用。

学会沟通、善于沟通是教练员必备的素质。许多教练员很清楚地认识到这一点，但沟通起来感觉难度很大，为什么？例如：教练员经常告诉队员“你要小心点”等语言；当教练员与教师谈队员的学习问题时，如果翘着“二郎腿”，眼睛斜视，诸如此类，队员对这种沟通方式就很难接受，沟通的效果就难以保证。

有句话说：“水中照脸，彼此相符，人与人，心也相对。”就是说，沟通需要坦诚，要学会爱别人，我们经常说要关爱学生，便是这个道理。

竞技体育环境下，教练员和运动员都怀有同一目标，即获得最高竞赛荣誉。教练员在训练和比赛中起主导作用，运动员则是训练和比赛中的主体，这种特殊关系要求运动员必须充分发挥主观能动性，按照教练员的指导要求完成各项训练任务和实现训练目标。教练员和运动员之间还会存在对立矛盾关系，这种关系常反映在训练和比赛过程中。为将对立矛盾关系转为统一促进关系，教练员和运动员应该围绕训练目标与比赛任务作出调整或妥协。实践证明，如果不经过教练员的辛勤指导，一个天资聪颖的人才很难发展成为一个好运动员；而如果没有运动员的艰苦训练，即使优秀的教练员也是“巧妇难为无米之炊”。所以，达成竞技体育目标，有赖于教练员与运动员双方的共同努力。

教练员与运动员之间的训练沟通是一种双向信息传递，只有教练员得到了尽可能大的反馈，才能够及时地调整训练计划，对运动强度、运动量、训练手段及方法等作出适应性的改变，从而帮助运动员走出困境，树立正确的动作观念，使教练员主导作用与运动员主体作用紧密结合，协调一致，产生合力，取得较好的效果。教练员可以通过和运动员真诚的沟通来发现自身存在的缺陷，使自己在训练工作中更有责任感，这同样可以促使运动员增强责任心。

教练员与运动员之间其实就是合作关系、伙伴关系，若其中一方不为合作关系付出努力，就会破坏合作关系，双方很难取得理想效果。尽管面对面的沟通交流仍然是最重要和最有效的渠道，但是随着信息技术的不断发展，人们已经掌握了诸如电话、邮件、微信和微博等有意义的沟通交流渠道。然而，无论如何改变，沟通交流必须真诚才能产生积极的影响。教练员应该听取并了解每一位运动员的需求，教练员就是与人相处的职业，而且人们有着七情六欲、无数种心理变化。

为了提高沟通效果，教练员希望做到理解他人和获得他人的理解，主动与运动员进行沟通，这就涉及教练员的倾听问题。倾听能够更好地鼓励运动员表达真情实感、愿望和情感。但仅有倾听还远远不够，更重要的是要听懂倾听，即理解他人。已有研究显示，得到信任、产生沟通意愿、获得管理者接纳、主动寻求信息等有效沟通方式，可以增进员工的生产积极性。由此可以得出，教练员和运动员之间的有效沟通，能增进两者间的相互了解，对提高运动员的积极性及训练效果，实现运动队的目标起着举足轻重的作用。然而，教练员往往在运动训练过程中过于强调主导地位，导致自身无法专注倾听运动员真情实感，很多运动员也很难将自己的真情实感与想法传达给教练员。

（二）教练员与运动员的沟通障碍

一般来讲，当彼此沟通方式存在障碍时，个人内心的真实想法无法通过言语表达出来，就会造成部分信息遗漏。教练员的主体行为会对运动员形象带来相应影响。如果教练员自身行为不当，将愤怒等不良情绪宣泄在运动员身上，就会导致运动员产生消极心理。

每个沟通环节都或多或少存在沟通障碍，这会给沟通过程带来不利影响，致使信息歪曲或失真，最终降低沟通效果，影响运动训练质量。教练员在沟通方面遇到的主要障碍有以下几点：第一，缺乏明确的信息传递目标和内容，从而导致他们无法明确自己向运动员传达的信息。第二，缺乏语言技巧，不能准确地表述自身需要传达的思想或感情等。在指导年轻运动员时，未能在其所掌握的知识和经验范围内进行有效的表达。例如，在进行技术指导时，由于运动员的技术理解能力较弱，教练员只能使用运动员无法理解的术语进行解释，从而导致沟通效果不佳。第三，教练员在口头表达方面表现不佳，尤其是在表达内容时缺乏清晰的表达能力，导致语义模糊、词汇无法准确传达意思。第四，缺乏耐心，对运动员的行为举止不能作出恰当的判断，对运动员的问题采取回避态度或直接否定其看法等，言语和行为结合表达形式有时会造成信息扭曲。第五，教练员在单向传递信息的过程中，未能主动接纳运动员的理解，导致反馈机会被排除，从而降低了沟通效率和质量。

随着社会的演变，教练员仍然在运动队中拥有绝对权威和领导力，但是运动员已经不再是单纯的被动接受者和忍耐者，他们渴望获得尊重和沟通，所以教练员需要转变职业风格。教练员和运动员之间的良好沟通是实现真正有效的训练的关键，因为只有这样，教练员才能向运动员全面了解训练情况和比赛感受，共同承担比赛结果的责任；只有这样才能促进双方相互理解，消除各种误会。在这个世界上，没有任何一种事物能够阻碍人与人之间平等的交往和善意的沟通，无论是在观念、观点、价值还是利益上的差异或冲突方面。沟通的基础就是双方的信任、理解与宽容，而这种信任、理解与容忍需要在相互交流中建立起来。即便有存在分歧、沟通受阻、难以达成共识的情况，也无须过于焦虑，因为“眼界广阔，万物皆有可能”，耐心是消除所有误解的先决条件。在这个过程中，要学会宽容、理解对方。只要秉持相互尊重、真诚对话的精神，任何无法理解的事物都会被转化为能理解的事物。

（三）教练员与运动员人际沟通实际调查

很多时候，教练员无法做到主动与运动员沟通交流，这并非源于教练员高傲的心态或对运动员需求心理的忽视，而是源于职业角色形成的一种心理和行为惯性，即占据控制性权力。从运动心理学角度来看，在教练员与运动员之间进行有效沟通需要付出一定努力才能达到目的。尽管教练员自认为花费了大量时间进行交流，但仍有一些运动员认为，教练员和运动员之间的最大问题在于缺乏充分的情感和思想交流，这种不足并非源于训练指导的不足，而是由于双方之间的沟通不足。根据相关数据调查显示，运动员每周与教练员进行单独交流的次数为 0.67

次，而教练员则每周与运动员进行单独交流的次数为2.08次。尽管教练员需要有效地管理10～30名运动员，但与单个或多个队员进行交流是一种被运动员广泛认可的方式，因此运动员表现出了与教练员进行交流的强烈意向。特别是对于新加入的运动员和年轻的运动员而言，教练员很少与他们进行沟通交流，这导致他们常常产生一种不被重视的想法，从而削弱自身训练的积极性。因此，运动员普遍认为，教练员与运动员之间的互信和互动是取得最终胜利的关键要素。

教练员对运动员的想法或情感积极作出反馈，可以完成双向沟通，改善训练环境。但不足的是，教练员往往只心不在焉地反馈运动员的反馈想法或情感，从而导致沟通受阻，破坏教练员与运动员之间的顺利互动。实际上，多数运动员认为自己和教练员之间的信息沟通属于单向沟通，如提出训练或比赛改正建议、解释说明动作过程要领、遵守对内规章制度等，均来自教练员主动向运动员的传达，仅有少数信息沟通，如反映心理状况、告诉错误原因、表达意愿等来自运动员向教练员主动反馈。此外，由于教练员言语表达不规范或不恰当，容易造成运动员曲解教练员言语的真实含义，最终产生沟通障碍。特别是对于比赛经验丰富的运动员来说，他们很难接受来自教练苛责式的语气，反而希望教练能够多体谅自己。

（四）沟通是维系良好人际关系的重要手段和基础

只有妥善维系、协调人际关系，教练员才能良好发挥教练的角色功能作用，促进运动队群体的生存与发展。教练员通过平时训练生活建立起与运动员的合作关系，做到彼此融洽情感、传递信息，有利于消除彼此的矛盾与隔阂，使全队形成融洽、和谐与支持的内在品质，实现和谐相处与协调合作的目的。发展现代竞技体育、提高运动训练水平，都以教练员与运动员之间形成的良好双边关系为前提。教练员同运动员之间关系处理得当，同运动员获得较多共同语言、加强心理相通、相互有信赖感等，都能调动运动员训练的积极性、热情，这种积极性、热情的影响不容忽视，有时甚至起到关键作用。运动员为了保持与教练员之间良好的人际关系，便会充分调动自己的潜能，全心投入到训练与比赛中。因此，良好的人际关系在运动训练中起着促进作用，能够反映教练员的能力素养。

高水平的运动队，教练员会经常性地与运动员保持沟通交流，并要求运动员之间做到互帮互助，增进运动员之间的协作水平。作为一名集体运动项目的教练员，倡导团队精神是不可缺少的。运动员之间出现的冲突可能把情绪带进训练场、比赛场等地，若彼此不合作则会对比赛造成影响。

融洽的关系是运动队成功的基础和保证，曾担任圣安东尼奥马刺队主教练的鲍勃·希尔认为，只有将球队中的人际关系简单化，才能建立良好的人际关系。虽然运动队中的所有运动员都会形成责任意识，拥有自信心和奉献精神等可贵品格，但是这并不意味着已经在队内建立起和谐的人际关系。对运动队教练员而言，要想及时有效地调整运动员心态，避免运动员因心理因素而造成全队失利，就必须与运动员建立和谐的关系和做到真诚的沟通。有时候仅仅依靠个人无法解决人际关系问题，最佳方式就是运动队成员之间实现真诚沟通，运动员、教练员、体能教练员和管理人员彼此进行良性互动交流。

鲍勃·希尔采用的方法是，全体球队成员在球场围成一圈坐下，以便每人都能相互面对，要求当某人讲话时，其他人员必须认真听。首先，每名队员都讲一讲对同队队员肯定的方面；然后，每名队员再讲一讲对其他队员的意见和看法，接下来大家一起交流，相互沟通；最后，每个人还要发表对自己及球队的看法。这种方式为所有人员提供了一个真诚交流的机会，因为真诚的交流是通向成功的必要手段。这一方式有助于球队成员之间建立融洽的人际关系，形成良好的队内氛围。

第三节　教练员的激励技术

一、激励概述

美国管理学家贝雷尔森与斯坦尼尔对激励作出的定义是：内心渴望争取的条件、希望、愿望及动力等，都构成了对人的一种激励。这种激励是人类活动过程中的内心状态。佐德克与布拉德认为，激励就是朝特定目标采取行动的倾向。根据爱金森的观点，激励是对方向、活力和行为持久性的直接影响。盖勒曼认为，激励就是引导人们朝着一定的目标去行动，并花费一定的精力去实现。沙托认为激励是“被人们所感知的从而导致人们朝着某个特定的方向，或为完成某个目标而采取行动的驱动力和紧张状态”。所谓“激励”，就是唤起人们内在动机并促使他们向预期目标行动。

尽管有一些定义可供参考，但多数定义似乎都强调了相同的驱动力或诱发力，如“动机”“欲望”等这一点不容忽视。显而易见，这些驱动力或诱发力都源于人们未满足的需求，一旦意识到这些需求，就会转化为有目的的行为，从而促使目标性行为的产生。因此，激励理论是心理学中一个重要领域。

自20世纪30年代以来，国外的学者们提出了许多富有意义的激励理论，这些理论在不同程度和侧面上探讨了如何激发人们的工作行为，为我们提供了有益的启示。这些理论大多来自心理学领域，也有一部分来源于经济学和管理学领域。激励研究的复杂性显而易见，其中包括内容型激励理论（如马斯洛需求层次理论、奥尔德弗德ERG理论、麦克利兰德成就需求理论、赫茨伯格双因素理论）、过程型激励理论（如期望理论、公平理论、目标设置理论和强化理论）以及综合型激励理论（如波特—洛勒综合型激励模型和当代激励理论整合）。我国目前关于激励的理论也是五花八门。这些理论在理论界得到了广泛认可。

激励有三层含义：动机的形成，促动因子，动力。管理者通过营造适宜的环境和条件，激发个体特定的心理目标，以增强其对心理和行为的组织、控制和调节能力，从而推动个体持续有效地工作，以协同实现自身的心理和组织目标。管理心理学认为，激励就是要引起人们的动机，促使他们朝着所期望的方向去做某事。为了实现组织目标的意愿，必须通过引导和满足人的需求、激发人的动机和作用来调动人的积极性，从而产生高水平的努力行为，而激励的效果的优劣则体现在是否按照预期加强、引导和维持某种行为。因此，激励问题实际上涉及管理理论中关于“什么是激励”和“如何进行激励”这两个基本问题。激励乃是一股强大的力量，同时也是一种渐进的过程，它能够激发人的行动欲望，引导其行为朝着特定的目标前进。激励包括生理、情感等方面，它不仅是指物质的报酬，而且还包含着精神层面的奖励，即给予人们以精神鼓励和鼓舞，使其发挥更大的潜力。在广义上，激励是一种能够激发个体积极性和创造性的行为。而在狭义上，它则是一种适当、健康的行为，能够使个体将外部刺激转化为自觉的行为，从而满足某些高度激活状态的心理需求。

激发人的积极性是一种有效的激励方式，但如果一个人对工作任务缺乏真正的理解、人际关系紧张或时机条件不成熟等情况出现，即使是高强度的激励也难以带来良好的效果。在实际训练中，如果缺乏恰当的激励机制，会使运动员产生逆反情绪，影响训练水平。因此，教练员在制定激励方案时，必须根据不同的个体特点和需求，灵活运用不同的激励手段，以达到最佳的激励效果。运动训练是一项高度复杂的认知和技能塑造过程，其主要目标在于充分开发人类的潜能，调动人类心理的能量。在此背景之下，教练员要想提高自身水平就必须重视并加强激励机制的建设。教练员在面对训练的艰苦性和长期性、取得和保持优异运动成绩的艰巨性以及训练内外各种因素的干扰时，不得不采取因人、因事、因时的多种刺激手段，以调动运动员的积极性，充分发挥其竞技能力，这涉及从教练员角度对运动员的激励问题。

二、教练员对运动员激励的目标

教练的存在是建立在目标基础之上的。在训练场上，教练员们无不渴望着自己的运动员能够斩获金牌，这是一种深刻的理解。因此，作为一名成功的教练必须先明确自己的奋斗目标，并将其付诸实践。唯有那些能够协助运动员达成目标的教练，方可被视为卓越的教练员。目标决定了教练员应该如何行动和决策，从而影响到训练、比赛等一切活动。教练必须首先明确自己的目标，这是开启教练之路的关键一步。没有清晰、明确的目标，再好的激励也难以发挥最大效用。教练员在激励运动员方面的首要任务是明确目标，这是他们必须认真对待的。

管理大师彼得·德鲁克有句名言："做正确的事远比正确地做事重要。"目标不明确会影响到整个团队甚至个人的工作绩效，这也就彰显了目标和方向的重要性，这一点不容忽视。

教练员自身要清楚目标，明确目标是教练员必须具备的核心素养之一，只有这样才能确保目标的明确性和可操作性。此外，教练要让运动员明白自己的目标到底应该怎么实现，教练员的使命在于协助运动员明确自身的目标，并协助他们达成预期的目标。因此，教练员需要清楚自己的目标，并努力使之具体化。若教练员在训练过程中无法坚守此原则，就可能会将自身的目标转嫁给他人，这一点至关重要。那么如何实现教练的目标呢？教练员的职责在于引导他人认识到自己真正的追求，并最终促使对方作出自己的决策。目标就是运动员努力达到的结果，即实现结果的程度。

运动员自身必须确立明确的目标，以便在比赛中取得优异的成绩。教练员引导运动员挖掘内心深处的“我渴望的”，激发他们将其视为人生目标，只有这样，他们才能全力以赴，实现自己的抱负。

（一）建立彼此的信任关系

信任构架是形成有效激励的基础，也是教练过程中教练员和当事人之间沟通交流的最基本和首要的原则。作为教练员要对运动员作出有效的激励，必须与运动员建立信任关系。信任程度越高，激励效果可能会越明显。只有建立了信任关系，教练员与运动员之间才不会形成障碍，运动员才能将自己真实的想法吐露给教练员。

（二）明确并建立目标

有效的激励是建立在教练员清晰知道运动员的目标基础之上。如果目标不明确，方向难免会出现偏差，教练员采取的激励措施则会受挫。教练员应像一根指南针围绕“运动员想要什么”，帮助运动员理清目标，从而使运动员最有效地选择目标，从模糊状态走出来，着手自我规划、自我管理。教练员在对运动员进行激励的时候，必须清楚地认识到激励需要取得的成效以及需要解决的训练问题。激励是指激发运动员训练热情，达到训练高投入的目的。当然，这并不意味着无论在什么情况下都要调动运动员超高的训练积极性。不同训练所需的激励强度也不相同，训练难度越高，激励强度越强。为此，教练员就必须清楚所采用的激励手段将在何种程度上调动运动员训练的积极性，以及所唤起的积极性来解决什么样的训练问题，要做到大投入解决大问题，避免小问题大投入，漫无目的的激励。

【案例】中国男子体操队大赛前激励目标设置经验：[①]

激励就是激发运动员的行动能力，诱发运动员的行为，开发运动员内在的潜能，推动运动员努力实现自己追求的目标。所以，为了使运动员的积极性发挥到极致，教练员就要自觉地去激励他们。奥运会赛前的训练，其范围之广，影响之大，运动员承受的压力之大，赢得比赛的愿望之强烈，各国对比赛的重视程度之高，都是其他任何比赛所不能比拟的。在此环境下，教练员怎样通过激励让运动

① 邵斌，黄玉斌．对中国体操队运动员实施激励的原则及方法 [J]．上海体育学院学报，2003（4）：37-41.

员化紧张为积极，战胜强大的实战训练压力负荷带给运动员生理和心理上的劳累，让运动员时刻保持充沛的精力投入备战，这才是非常关键的激励要求。中国体操队的训练控制过程，十分重视对运动员进行有效的激励，近些年来也积累了不少有效的激励手段和方法。

合理设置目标，即教练员和运动员在运动训练中按照比赛的目标体系来制定总体目标、分目标、总任务和具体任务等。制定运动员训练目标，旨在将运动队训练的总体目标变成运动员训练的特定目标，通过实现运动员训练目标完成运动队训练的总体目标。有效的目标激励应当体现“大处着眼、小处着手”的原则，即通过完成各阶段性分目标，逐步引导运动员完成总体目标。

第一，制定总目标。总体目标是在与主要竞争对手进行实力比较的基础上，相应确定本运动队（员）在比赛中可能获得的最佳成绩，这也是四年奥运大周期所要实现的周期性目标。总体目标定位是否合理准确，决定着分项目标与个体目标是否具备可执行性，而分项目标与个人目标设置必须与总体目标相一致，以便能够达到总体目标要求。

其次，建立分项目标。分项目标在总目标中处于从属地位，但它也是制定总体目标的依据，即总体目标中具体夺金指标必须以分析分项目标为前提。建立分项目标，既需要分析每个小项目中和主要竞争对手之间的强弱关系，也需要分析每个小项获得好成绩的难度。分项目标代表了运动队最有可能获得的奖牌概率，分项目标的建立决定了比赛前的训练重点与突破口。此外，分项目标也是个体目标中的上位目标，建立个体目标必须紧紧围绕所建立的分项目标来展开。

最后，制定个体目标。个体目标指运动员依据总目标与分项目标提出的要求，并结合个人实际而制定的个人训练目标。个体目标的制定必须符合总目标与分项目标提出的要求，并应有利于总目标与分项目标的达成。运动员在赛前制定个体目标有两个要素：一是明确其主打项目，二是补齐薄弱环节。主打项目为运动员最有力、最想夺取金牌、为达到总目标及分项目标最有可能贡献的项目。弥补弱项就是运动员在某个小项目中竞争优势比较弱，这其中有技术、专项素质和心理素质上的制约，而这些短板或缺陷又不能用扬长避短战术来避免，必须通过训练来完善。

三、教练员的激励行为

激励是教练员执教的艺术，要想达到运动队所要达到的成绩效果，必须对所有运动员进行激励，发掘他们的潜能，才能充分调动他们的训练积极性。教练员要正确认识激励过程，抓住各激励环节存在的制约因素，学会运用科学的激励方式，提升激励艺术修养，充分利用动机激发原理，使每个成员的积极性、主动性、创造性都能得到最大程度的激发与发挥。

激励理论虽然很多，但从教练员行为的角度对运动员进行各种激励，是运动队中经常遇到的一种自然做法。传统激励主要通过改变行为来实现，但是激励并不只是要刺激人们去做，还要刺激人的智力，挖掘其潜能，进而发挥其创造力。

教练员激励行为方式主要包括期望激励、目标设定激励、情感激励、外部激励及内部激励、积极激励及消极激励、训练激励等。国内外实践表明，恰当地使用激励机制，并进一步完善训练环境、调整组织结构、改变管理方法、协调人际关系，培养“同舟共济”的意识，能够缓解教练员与运动员之间的冲突，共同应对各种问题，从而对运动员进行精神和物质两方面的疏导，发挥其创造性与积极性，提高训练效率与效益。

（一）期望激励

根据期望理论提出的基本假设，人类在担任某项工作任务和实现某项组织目标后，随后就能达成自身的目标，满足个人特定需求。

也就是说，只有当一个人明确了自己的特定目标，并且对自己的行动充满信心，期待着更大的实现可能性时，期望激励才会被充分激发，从而采取行动以达成预期目标。在特定条件下，人们的内在需求会激发出一种动机，这种动机支配着他们自身的行为，并引导他们朝着目标前进。当目标尚未实现时，人们的需求就变成了一种期待。因此，期望是一种具有强大激发能力的力量，能够唤起一个人内在的热情和动力。

个体的行为结果对其吸引力和实现概率的大小，决定了激励程度的大小，即激励 = 价值 × 期望概率。只有当人们意识到他们的努力能够带来卓越的绩效评估和预期的组织激励时，他们才会被激励并付出更多的努力。教练员是运动训练管理活动中最重要的因素之一。教练员应对运动队（员）提出自身的期望目标，重点考察运动队实际的成功期望，以队员认为可达成的运动队成绩目标和运动员个人目标为依据，促使运动员明确这些目标的实现范围在其能力范围内，从而激发运动员的积极性。

（二）目标设置激励

个体在面对特定对象（包括自我、他人或相关事物）的未来状态时，会有选择性地构建一个具有个人意义、相对稳定和乐观的构想，这是人类自我概念或其他心理图式的潜在运动或未来状态。在现实中，人们常常会遇到各种不同类型的目标，它们构成了社会系统所期望的行为模式。每一项目标都对应着独特的未来架构，蕴含着特定的个人价值观、行为准则和实现策略。组织目标则指组织为达到既定的组织目的所制定的一系列行动方案及实施步骤等内容。一个组织的存在价值在于其内在的目标和对未来的愿景，否则，该组织将失去其存在的意义。

在现代组织理论中，激励机制被视为一种激发员工积极性的手段。在组织管理中，激励是为了实现特定的群体或组织目标，而管理者则通过创造特定的环境和条件，激发个体特定或特定的心理目标，以增强其对心理和行为的组织、控制和调节能力，并促使个体持续有效地努力工作，以协同实现自身的心理和组织目标。运动队作为一种特殊的团体，其组织目标具有特殊性，它要求运动队必须建立以“人”为中心的激励机制来激发全体队员的积极性。

因此，在运动队的组织管理中，激励的依据主要分为两个方面：一是针对运动队的目标，二是针对运动员个人目标的激励措施。目标的选择是一个非常重要而又十分复杂的问题。运动队的目标在于确立教练员、运动员、管理和工作人员等所有成员在某一特定时期内的共同价值观，这是凝聚人心的前提，也是实施激励的方向；运动员的个人追求是对自身完美的追求，是推动其个人成长的强大动力，也是激发其心理基础的动力源泉。只有将两者有机地结合起来，才能使激励机制发挥出最大效用。为了在运动队中实现有效的激励，必须同时满足两个相互关联、相互依存的前提，即教练员与运动员共同设定个人目标，以实现运动队和运动员的双重目标。

明确而具有挑战性的目标，能够激发运动员更高的积极性和努力欲望，而具体、困难的目标则比笼统、模糊的目标（如“尽最大努力”）更加有效。教练员应在制定目标时考虑运动员对自己能力的预期以及自身的实际情况等因素，同时要使每个个体都能获得满意的结果，以促进运动成绩的提高。因此，制定明确的目标并逐步实现这些目标，是教练员激励运动员的重要过程，也是教练员常用的执教策略。教练员应当有针对性地引导运动员明确个人目标，特别是那些可量化的身体素质指标，以激励他们通过不断努力实现目标，从而激发他们的积极性。

（三）情感激励

教练员和运动员之间的师徒关系建立在感情的纽带上，教练员关爱运动员、呵护运动员的感情鼓舞着运动员刻苦训练。由于运动训练难度大，伤病频繁发生，运动员常表现出信念摇摆不定，训练意志薄弱等问题，教练员对运动员关怀备至、体贴入微，能有效地培养运动员忠诚与认同意识，将其作为刻苦训练的原动力。教练员经常性地对运动员给予强烈的感情支持，常与运动员站在一起，一般都会采取积极鼓励和正面引导等方式。教练员从情感上鼓舞了运动员的士气，肯定了运动员优秀的训练表现，而对训练较差的运动员则给予批评，这会让运动员感受到教练员为了他们的未来而付出的心血，从而调动运动员良好的训练动机与积极性心理。

人性化或者说人文关怀，在发掘人类体力与心理极限的项目上表现得尤为明显，而这种关怀正是教练员由衷的善感。教练员工作最重要、最根本的对象就是有感情、有主体意识的运动员，他们之间的交往表现在心灵上的互相接触、思想上的互相沟通、精神上的互相影响。在互相交往过程中，教练员关心运动员的心理情感或行为表现，这就是激发运动员潜能和心理的动力因素。可以说，关心运动员和充分发掘运动员的潜力，是互相配合、互相连贯的。

（四）外激励和内激励

激励又可以分为外部激励和内部激励两种类型，简称内激励和外激励。外激励指外部（教练员、领队和组织）以物质手段和精神手段对运动员进行的激励，而内激励则指来自个人对参与训练或竞赛的价值追求、成就感，对运动项目的兴趣以及对运动技能的提升等，都会形成内激励，内激励会通过运动员个体进行调控与评判。

物质激励（如工资、奖金等）是由外在诱因产生的，精神激励（如荣誉、社会承认、他人尊重乃至教练员的赞扬和鼓励等）是运动员自身对外界的认识形成的。物质激励与精神激励均属外激励，这类激励之所以很有效果，是因为谁都需要它。

但是外激励也具有局限性，具体表现为：一是激励对象需求的无限性和需求的多样性，不可避免地要和激励的有限性和单一性产生矛盾；二是外部激励不可避免地带来相对“不公平”，外部激励因公平效应而受到极大约束。所以，教练员想方设法以多种方式实施内部激励，用启发信念、价值观等方式激发内部动机并将激励因素内化到运动员个体的某种追求与意识中去，使成就欲望转化为他们奋发向上的巨大动力。教练员和运动员之间的沟通尤其重要，它能帮助运动员确定奋斗的目标，规划未来的发展方向和给予必要的支持，从而激发他们形成内激励。

教练员针对运动员表现为其争取相应权益，如及时给予运动员奖金以督促其刻苦训练，这就是在比赛中采用物质激励的典型形式。促使运动员认同运动队，从而激发他们争取为本队取得好成绩的雄心壮志，让他们感受到他们对运动队成绩的贡献，这些都需要教练员利用精神激励手段。运动员热爱所练习的项目并期望取得成绩，同时提高自己的运动水平也是对自己努力工作的一种肯定，进一步通过教练员认可来激励其主动行为是教练员利用内激励进行训练的一种有效手段。

（五）正激励与负激励

激励的内涵既包括刺激、诱导，又包括约束、控制与归化。针对前一种内涵，教练员一般采用奖励、赞扬等正强化的方法予以贯彻实施，即正激励；针对后一种内涵，教练员一般通过负强化、惩罚等方式实现激励，即负激励。负强化就是为了预防不好的行为发生而事先通知运动员，告知其未达到运动队规定要求可能导致的结果，属于预防性强化措施；惩罚指消极行为出现以后对运动员进行一定的处罚以使其少犯甚至不犯。

正激励旨在实现运动队既定的行为目标，并进一步强化既定行为目标；负激励旨在制止或者减少对运动队预期不利的运动员行为。二者根本目的相同。如果不具备正激励因素，很难诱发运动员内在的行为动力；离开了负激励因素，运动员最起码的努力程度与努力方向是很难得到保障的。

教练员在实际训练时，经常使用上述两种激励进行执教。如果运动员训练努力，运动水平有所提高，或者能够遵守运动队的规章制度，或者在比赛中取得了突出的成绩，教练员就会采取赞扬、赞美、鼓励、奖励和休息的方法；而如果运动员在训练中不够认真仔细、不够用心和刻苦，教练员则会采用批评、加练或停训等手段，以此提高运动员的积极表现欲望。恰当地使用正负激励手段，不仅能激发运动员自身的积极性和创造性，而且对于其他运动员来说，还能起到很好的导向与示范作用，从而鼓舞整个运动队。

经常性地惩罚运动队员，很可能产生副作用，这是因为“惩罚能暂时制止某一行为，但是它并不使人作出比较理想的表现”。或许，惩罚的副作用仅是运动训练中的一个特例，教练员采取的惩罚手段，就是让运动员反复练习某项训练内容，这种惩罚手段可以有效提高运动员的运动能力。例如，有些教练员有意将主力队员与非主力队员进行分开比赛，如果主力队员组不符合教练员预期要求，就会受到相应惩罚措施，如加练等；如果非主力队员组较好地完成教练员预期要求，就会获得相应奖励措施，如短暂休息调整等。这就是运用惩罚与负强化相结合的激励手段。这种惩罚方式属于积极性处罚，运动员一般都能接受。但若惩罚过多或过于频繁，则会引起运动员的抵触心理与消极心理，从而影响训练结果，动摇教练员对运动员行为进行有效培养塑造的欲望。

四、制订行动计划并加以落实

行之有效的行动计划，由目标、行动和结果这三个基本要素组成。目标是行动的方向，是行动的指南针；行动是有效实现目标的表现，是目的与结果的中介载体；结果就是行动带来的效果和检视目标实现程度的标志。在运动训练过程中使用激励手段，教练员应该对训练过程进行精心设计，帮助运动员制定目标和方案，明确达成目标的预期时间，并将其贯彻于日常训练中。训练过程设计就是要正确地选择训练内容、有效地控制训练进度、合理地选择训练手段、主动地增强运动员自主参与意识，从而达到调动运动员积极性的一种手段。正确地选择训练内容，就是要求教练员能够根据不同运动员的身心特征，按照队员的主打项和技术、专项素质与心理等方面需弥补的薄弱环节，结合比赛需要科学地安排训练。为了确保训练内容的恰当选择，教练员应做到根据每个运动员技术特点进行训练，使所选训练内容符合运动员所设定的个体目标，通过训练进一步强化运动员的长处，尽可能地保证运动员个体目标得以实现，并在竞赛中尽可能发挥每个运动员应该发挥的长处。

对训练进度进行有效控制，就是针对赛前训练计划采取循序渐进的方式，有计划、分步骤地执行与落实。每一个训练阶段都要制定清晰的阶段性训练目标，在阶段目标逐渐得到实现、运动员需求得到满足的情况下，通过增强运动员对训练的美好期待，以达到唤起运动员训练热情的效果。多样化训练手段可以让运动员在经历各种教学形式、环境和氛围时克服单调感和枯燥感并感受到新奇刺激，提高好奇心及训练兴趣，克服心理及体力疲劳感。双因素理论认为，令人满意的训练过程能增强运动员个人内部动机和提高其训练动机，进而起到激励作用。加强运动员积极参与训练程度，就是通过鼓励运动员在赛前参加自我训练过程设计，以此增强其责任感和提高其训练积极性。恰当地给运动员设计自我训练过程的机会，有利于满足运动员获取责任感、成就感以及得到承认与尊重等需求，增强其训练动机和积极性。

五、运动员心态改善与行为调适

在运动训练过程中，教练员即使帮助运动员厘清目标、分析现实以及制订计划并落实，也不能消除运动员产生的心理问题和行为偏差。作为教练员要根据实际情况，引导运动员心态向好的方向发展，对其训练行为作出修改。

训练行为修正，即教练员找出与训练要求不符的训练行为，采取随机负强化手段降低该训练行为出现频率；采取随机正强化手段激励满足训练要求的训练行为。训练过程中运动员任何一种达不到要求的表现都将给训练效果造成十分不利的后果，教练员对达不到要求的训练表现必须进行及时纠正，通过正、负强化手段促使运动员达到训练要求，为其他运动员作出表率和示范。训练行为修正所产生的激励作用与斯金纳“强化”理论完全一致，它是通过外部刺激使人类行为发生改变。

修正运动员训练行为，共有六步。第一，教练员确定绩效相关行为；第二，教练员确定运动员行为错误成分；第三，教练员制定相应的干预策略和恰当的介入方式；第四，教练员在介入后对运动员心理及行为反应进行评判；第五，教练员鼓励合乎要求的行为；第六，教练员评价运动员行为对于提高训练绩效的效果。教练员是否能准确地确定运动员训练行为中达不到要求的成分，并采用有效的随机强化手段予以排除，是修正过程是否成功的关键。当然，修正运动员训练行为需要循序渐进、持之以恒，修正运动员训练行为后，仍需对运动员随后的行为改变作出进一步评判。

第八章　教练员责任担当的培育

本章主要论述教练员责任担当的培育，从三个方面展开论述，详细介绍了教练员社会责任的培育、教练员职业认同的塑造以及教练员的国际理解教育。通过对这三个方面的论述、深入理解教练负责任担当的培育。

第一节　教练员社会责任的培育

一、竞技体育发展责任

（一）自律自信与诚信友善

作为一名教练员，其行为时时刻刻展现在运动员面前，是运动员效仿的对象。只对运动员提出要求而自己没有作出表率，是没有说服力的，在运动员面前也无法树立威信。只有以身作则，才能取得运动员的尊重与信任。尤其在处理金钱与利益时，教练员更应体现出自律，要对金钱与利益取之有道、用之有理，避免师徒反目，为日常琐事所困。教练员要在训练、比赛、日常生活中处处关爱队员，应像关心如何使运动成绩最优化一样关心运动员的身心发展。避免教练员在经济利益、社会荣誉等驱使下，对运动员采取严重违背科学，不顾运动员身心发育特点的训练管理方式。

（二）感恩与志愿服务

感恩，是对别人所给的帮助表示感激，是对他人帮助的回报。感恩是一种处世哲学，是生活中的大智慧。感恩对个体生活满意度、幸福感、学业等方面具有重要影响，尤其对责任意识的形成及其担当具有重要影响。教练员在训练过程乃至日常生活中，会经常受到家庭、单位同事、科研人员等的帮助，教练员在接受他人恩惠时能否感受到并产生情绪体验、心境状态与心理倾向，会影响到教练员责任意识的形成及履行，并会影响到教练员的工作投入乃至其竞技能力的形成。

志愿服务是在不求回报的情况下，为改善社会、促进社会进步而自愿付出个人的时间及精力所做的服务工作。奉献精神是志愿服务的精髓，志愿者通过参与志愿服务，提高自身的办事能力，同时促进了社会的进步。教练员的志愿服务往往对教练员核心竞争力的形成产生中介效应，服务内容主要表现为对年轻教练员或业务能力欠缺教练员给予无私的指导和进行经验交流、参与推动运动项目发展的志愿服务、参与国家体育扶贫工程等。

（三）敬业奉献与履职尽责

任何一个竞技体育项目的训练工作的长期性和艰苦性都是常人难以承受的，作为一名优秀教练员必须具备强烈的敬业精神，要乐于奉献。所谓敬业精神，就是有强烈的事业心，把事业视为生命，甘于为了事业而献身，为了事业不断地探索，精益求精，并且乐此不疲。从事运动训练工作，就要努力把自己锻炼成为高水平的优秀教练员，努力使每一个队员都尽最大可能取得理想成绩，每一个教练员都应当有成为最佳教练员的渴望，并为达到这一目的做好一切必要的准备。但是，强烈的敬业精神不仅仅是指任劳任怨、吃苦耐劳，还包括讲求效率、精益求精，要有主动作为的意识，做到尽职尽责。

（四）团队意识与互助精神

教练员的成长或教练员的专业发展，离不开运动队团队这一平台，一方面高绩效团队成就了教练员，另一方面教练员也推动了团队建设。团队意识指整体配合意识，表现为团队整体的目标、全体成员的向心力、凝聚力，团队意识可以使成员拥有归属感、安全感，可以让成员有着更多的工作投入。教练员应以开放、合作的方式工作，与其他相关责任人一起致力于提升运动员的福利和成绩。

（五）理想和信念

理想是人们所向往、信仰和追求的奋斗目标。信念是一个人认为自己一定要遵循的、在人的意识中根深蒂固的道德观念，是个体对理想深刻而有根据的坚信和对履行义务的强烈责任感，是认识、情感和意志的有机统一。优秀教练员的理想往往代表了运动队或运动员的目标，是教练员个人理想与组织理想互动整合的产物。优秀的教练员还能够把运动员、运动队的理想整合到自己的理想中，通过塑造共同愿景来吸引和激励他者等。另外，优秀教练员尤其是“金牌”教练员往往具有实现自我价值的坚定信念。教练员个人追求的目标越高，他的才力发展得就越快，对运动员、运动项目发展就越有益，并且能增强教练员的责任感和使命感。

二、全民健身推动责任

教练员的全民健身推动责任是其重要社会责任之一，国家不同层面的政策中提及教练员或教练员所在的组织应积极推进全民健身工作。教练员主要是通过志愿服务、健身活动（比赛）组织与参与、技战术指导等途径，向广大群众讲解健身知识，推广健身方法，普及科学健身理念，提供技术支持。同时，在全民健身参与中，努力将运动项目文化融入全民健身中，加强运动项目的推广，让群众掌握运动项目技能，了解项目历史文化，扩大项目影响力，促进项目更好发展。

（一）全民健身宣传教育

教练员在日常工作生活中要适时向周边的家人、朋友等进行全民健身宣传，讲授健身知识、技术等，培育周边人的体育参与意识，引导他们参与到全民健身过程中。积极参与全民健身宣传教育活动。目前，不少省市积极开展全民健身宣传教育活动，作为教练员要根据个人工作时间安排，借助于媒体网络、专家平台等途径，积极参与宣传教育活动。结合“全民健身日”等重大节日活动，积极参与到全民健身运动中，以身作则、以身示范，发挥教练员的影响。

（二）服务社区

服务社区是国外体育俱乐部或运动队参与社区体育的重要方式。教练员可以同运动员等走进社区传播全民健身理念，普及科学健身知识，开展社区体育健身活动，进行社区体育竞赛、运动训练及技战术指导。教练员也可以通过参加公益性的社区体育组织、体育健身站点、体育俱乐部等，推动各类体育组织的规范化建设，帮助体育组织提高服务能力。

（三）参与贫困地区、农村地区的体育帮扶

近年来，国家体育总局等单位通过引进体育赛事、发展体育产业、援建基础设施、开展大众健身等多种手段，旨在发挥体育综合带动效应，构建“体育+”或“+体育”的发展模式，助力完成体育帮扶工作，进一步推进我国体育事业和产业的深化发展。其中，教练员作为体育事业中最活跃的主体之一，在推进全民健身活动方面具有不可替代的作用。

（四）全民健身的国际传播

教练员尤其是优秀教练员在参加世界性比赛时，要积极主动地向国外教练员、运动员、国际友人等宣传中国的全民健身情况，传播和推广全民健身发展过程中的中国理念、中国故事、中国人物、中国标准、中国产品，发出中国声音，提升国际影响力，有效发挥全民健身在推广中国文化、提升国家形象和增强国家软实力等方面的独特作用。

三、学校体育促进责任

（一）积极参加“体教结合”活动

在新的历史条件下，为进一步强化学校体育教学工作质量、推动学校深入实施素质教育、丰富完善青少年训练活动、为国家培养和造就高素质劳动者和优秀体育后备人才，学校应该坚持“体教结合”这一重要举措。所谓“体教结合”，是指通过整合体育、教育等资源，优化体育人才培养路径，该举措是体育教育事业最根本的培养目标，与人才培养的内在要求相一致。通过“体教结合”形式，教练员参与到学校体育发展中，体现了教练员社会责任的履行。这种形式是一种官方的主导性行为，能够在最大限度、最大范围上促使教练员参与到活动中并履行相应的责任。

（二）参与运动项目（计划）推广

近年来，国家教育、体育系统积极推进专项计划行动，譬如校园足球、校园篮球等。这些行动计划在一定程度上要求教练员参与到相应活动中来，或者为教

练员参与学校体育提供平台。各级地方政府也不断开展相应工作。如：陕西省青少年体校开展教练员进校园活动，扬州高邮推进教练员进校园，江苏省青少年足球教练员进校园，南京市玄武区体校教练员进校园，中国足球协会、全国校园足球工作领导小组举办全国“精英教练进校园”活动等，这些活动极大地推动了教练参与学校体育的范围和力度。

第二节　教练员职业认同的塑造

一、教练员职业身份认同

（一）职业身份认同的构成及生成

1. 教练员职业身份认同的构成

教练员的身份认同包括国家公民身份认同和教练员职业身份认同两类，本书是从职业身份认同角度进行深入剖析。身份象征着社会成员在社会群体中的所处地位，身份涵盖具体的权利、义务和责任。个体的身份是由其所处的社会环境所塑造的，是行为者在不断与外部或未知的经验相遇的过程中，选择并将某些经验转化为自己的独特存在。在社会学中，身份认同主要包括个体认同和社会认同两个方面中，教练员的职业身份认同亦包括上述两个方面。[①] 但是，由于教练员长期生活于运动队或体育俱乐部这些“组织”中，教练员职业身份认同无时无刻不受“组织”的文化影响，组织认同也是教练员职业身份认同的重要方面。因此，教练员的职业身份认同包括个体认同、组织认同和社会认同三个方面。

2. 教练员身份认同形成

教练员的个体认同主要是一种内在的认同，是一种内在化过程和内在深度感，是教练员个人依据自我经历所形成的、作为反思性理解的自我，大致包括自我认同和角色认同两个方面。教练员的社会认同是指教练员在社会实践中（主要是运动训练实践）对教练员群体特定价值、文化、信念的一种接近的态度。

---

① 王成兵. 当代认同危机的人学探索 [D]. 北京：北京师范大学，2003.

构成教练员职业身份认同的因素包含两方面：一方面是社会某些因素（如制度）的影响，它会对个人和群体的位置、机会、权利等进行预先安排；另一方面是个人和群体内在因素的影响，它是个人和群体的自身行为与心理对所获得的位置、机会、权利等进行强化与再造，以达到更高层次的认知和理解。个人的身份、地位、利益和归属的一致性体验以及群体成员对集体身份、地位和利益的认知，都是群体行为模式的重要组成部分。因此，教练员的职业身份认同的生成机制包括社会生成机制、组织促进机制和自我建构机制。

教练员职业身份的认同，离不开身份认同的促进。毕竟当个体一旦进入或从事教练员职业，就不可避免地需要纳入教练员角色为其参照。这种角色既有历史累积下来的规范、习俗和文化认知，也有明文制度和政策的赋予。身份认同促进行为是指社会、组织及教练员个体所表现出的与教练员身份认同发展相关的行为。从行为促进的实施主体看，教练员职业身份认同的促进行为包括国家促进行为、组织促进行为和教练员个体的自我促进行为。从行为促进的过程看，包括教练员职业身份适应（身份适应是教练员对自己身份认知的结果，涉及“我是谁”）、身份探索（身份探索是教练员对身份认同表现出来的态度、情感等方面的集合）、身份归属感（身份归属感是指教练员个体意识到自己属于教练员这个群体中的一员，并经常有与教练员身份荣辱与共的情感体验）以及身份自主选择行为（身份自主选择行为是教练员身份主动适应的行为表现）等。

（二）社会对教练员职业的身份认同

1. 制度安排

制度安排主要包括制度期望、权益关注。

（1）制度期望

制度期望是指他人或社会对主体的一种期望、规定和认可。为了加强对教练员的管理，我国各级政府制定相应管理办法，界定教练员的职责，规范教练员行为。教练员要“遵守国家的法律、法规，遵守职业道德，维护社会公德，执行各项规章制度，热爱、忠诚体育事业，具有良好的敬业与奉献精神”“各级体育教练员，必须拥护中国共产党的领导，热爱社会主义祖国，努力学习马克思列宁主义、毛泽东思想和建设有中国特色社会主义的理论；履行教练员职责，遵守教练员守则，具有良好的优育道德和为体育事业献身的精神”。另外，为了加强教练员的管理，各级各层次体育行政管理部门在教练员注册时也提出相关要求，这无疑也是一种制度期望。教练员“要按照培养有道德、有理想、有文化、有纪律，各项素质全面发展的人才要求，关心运动员的成长，做好运动队的管理工作，要按照教练员岗位职责要求，努力学习政治、文化、科技知识，提高政治觉悟、思想文化修养和业务理论水平，参加规定的进修学习”等。其实，教练员管理制度实际上体现了一种国家的制度期望，表达了对教练员的职业认同。

（2）权益关注

公民享有法律保护的权利和利益，这些权利和利益被称为权益。国家对教练员职业身份认同的重要体现之一，是对其权益（如收入、职称、选拔）的关注，也凸显了责任、义务和利益的相互平衡。教练员的这些合法权益都需要通过立法予以确认并保障。教练员享有宪法规定的涉及政治、经济、文化及社会等多个领域的基本权益，同时也享有源自《民法》《行政法》《诉讼法》《商法》《刑法》《劳动和社会保障法》《体育法》等法律法规所授予的具体权利。这些权利主要体现在对教练员的工作条件、培训内容、工资奖金、保险福利、福利待遇以及从事其他相关活动时享受的各种权利方面。作为一种被法律明确定义的社会职业，教练员享有《中华人民共和国劳动法》所规定的平等就业、职业选择、劳动报酬、劳动安全卫生保护、休息、职业培训、劳动争议处理等各项权利。教练员的权利构成要素包括物质、制度、利益、自由、主张、正当、应得、权力和意志等多个方面，而自由和利益则是教练员权利的最为重要的体现。

在我国现行法律体系下，教练员的权利保护主要靠《宪法》《民法》《刑法》《行政法》《体育法》和程序性法律等通用法律来实现，以及少数地方性部门规章或者政策文件涵盖教练员工资制度、职称评定和奖励措施等方面的权利。各级政府和主管部门、俱乐部为教练员提供了物质上的激励和精神上的保障，由此教练员可以全身心地投入运动员选材、训练比赛和体育科研等工作过程中。只有为教练员提供良好的物质环境、精神环境和制度环境，并将三者完美地结合，教练员才能够获得权利保障。

2. 荣誉授予

荣誉即光荣的名誉，主要是由外部机构（指较为权威的组织机构，尤其是党政机关）授予具有光荣名誉性质的命名或标志实物，这种命名或标志实物代表对被授予者的某种肯定、认可或鼓励。授予荣誉既可颁发头衔也可颁发奖章。荣誉是一种终极的激励手段。它主要是把工作成绩与晋级、提升、选模范、评先进联系起来，以一定的形式或名义标定下来，主要的方法是表扬、奖励、经验介绍等。荣誉可以成为不断鞭策荣誉获得者保持和发扬成绩的力量，还可以对其他人产生感召力，激发比、学、赶、超的动力，从而产生较好的激励效果。

同时，荣誉又是一种认同手段。从国家治理层面讲，国家荣誉制度在国家治理体系中占据着重要地位。我国国家荣誉制度是宪法规定的开展国家治理的重要形式。国家荣誉涵盖国家层面和地方政府层面，国家层面包括国家勋章和国家荣誉称号，地方政府层面包括地方政府颁发的勋章和荣誉称号，这都是不同工作机构依据国家荣誉不同性质对其分类管理的结果，属于职权划分。积极利用各项国家荣誉制度能够凝聚全国各族人民对于国家、制度与道路的认同感，有利于激发与激励广大群众为党和国家事业艰苦奋斗的正能量，同时有利于社会主义核心价值观引领下历史记忆的形成。

在社会层面，一些非政府组织、事业单位、行业（企业）协会等也开展相关领域的荣誉评选。就教练员而言，被赋予荣誉称号，被授予荣誉奖章，可谓一种极大的认同。国家、社会通过赋予教练员荣誉以此达到认同，主要是授予奖章、授予荣誉称号、举办典礼仪式等。

（1）授予奖章

授予体育运动奖章是中国体育运动的最高荣誉奖，由国家体育行政部门等颁发，目的是鼓励和表彰优秀运动员、教练员在年度重大国际比赛中取得的优异运动成绩和为国家作出的突出贡献。奖章包括中国奥林匹克金质奖章、体育运动荣誉奖章以及具体运动项目的杰出贡献奖等等。原国家体委于 1987 年制定了《授予优秀运动员、教练员体育运动奖章的暂行办法》（体育运动奖章分四等：体育运动荣誉奖章、体育运动一级奖章、体育运动二级奖章、体育运动三级奖章），2015 年国家体育总局又根据《中华人民共和国体育法》重新修订了《运动员、教练员体育运动奖章授予办法》（体育运动奖章设为体育运动荣誉奖章和体育运动一级奖章，奖章只授予获得相应运动成绩的运动员及教练员本人）。2016 年，国家体育总局对 2016 年度取得优异成绩的运动员和教练员予以表彰，韩冰岩等 147

名教练员获得2016年度体育运动荣誉奖章，刘海涛等86名教练员获得2016年度体育运动一级奖章。

（2）授予称号

多年来，国际奥委会、国家体育行政部门、国家（国内）社会组织等开展了“教练员奖”“感动中国风云人物”“体坛风云人物”等评选或授予活动。授予称号是职业认同的重要方式与手段，对推动教练员的工作投入、为国家作出贡献发挥重要作用。

（3）举行仪式

让教练员参加竞赛颁奖或单独为教练员举行某种仪式，既是一种激励方式，也是一种职业认同。如2017年体育总局印发了《关于第十三届全国运动会实施教练员激励政策的通知》，要求第十三届全国运动会颁奖仪式上为前3名运动员（队）颁发奖牌的同时，要为教练员颁发奖牌，还要在单项成绩公布和成绩册上标注主管教练员等。

（三）组织对教练员职业的身份认同

1. 职业身份认同教育

教练员的职业身份认同教育包括教育目的和教育内容两方面：

（1）职业身份认同教育目的

面对既定的教练员身份，教练员可有积极的或消极的两种态度。积极的态度表现为教练员对自己身份的高度认可和肯定，是一种自觉的、主动建构的认同，教练员会觉得具有“教练员”身份而倍感优越和自豪。消极的态度是教练员会以一种悲观甚至自卑的心态看待自己的身份，可能为自己的教练员身份而感到自卑。教练员教育作为一种有目的的教育活动，负有促进教练员身份认同的责任，教练员职业认同教育必须融入教练员教育中。教练员教育的重要任务之一就是要引导教练员形成积极的身份认同，调适消极的身份认同，这也是教练员教育的重要目标。

（2）职业身份认同教育的内容

组织层面对教练员职业认同教育，主要包括认知教育、情感培育和行为促进三个方面。

一是认知教育。认知教育是指教练员对于自身身份以及对于自己所归属的共同体所产生的一种认识，具有教练员身份知识教育的性质。作为教练员，应该对教练员权利、义务与责任以及应怎样履行等问题，对教练员团体或教练员共同体组成、运行规则、行为方式等问题，都要有一定的认识。在教练员的教育培训中，这几项内容应该成为教练员教育培训的重要组成部分，并要求得到落实。

二是情感培育。教练员对教练员职业的情感培育是教练员认同教育的重要内容。积极的职业情感能促进教练员工作投入，但是教练员积极的职业情感不是一蹴而就的，也不是自动生成的，而是伴随着教练员融入教练员共同体、对职业身份的认知而逐渐产生并建立起来的。教练员的职业身份认同是与认知存在区别的，认知就是对相关知识的客观理解与把握，而认同是一种基于认知的采纳与赞同，对于教练员这个共同体有一种归属感。教练员对于教练员职业的自尊心、自豪感甚至爱国主义情感，是构成教练员身份认同的关键要素。

三是行为促进。对职业身份的认同不能仅仅停留在情感上的接受和赞同，还必须通过情感认同将教练员职业身份知识、情感转化为一种具体的实践行动，即教练员的行为，而这些行为涉及训练行为、管理行为、个人形象、公共精神等方面。

2. 职业身份认同教育举措

职业身份认同教育举措主要包括以下三个方面：

（1）身份认同教育融入教练员人才培养全过程

教练员人才培养是国家体育系统的重要工作。教练员人才培养形式既有岗前教育又有入职后的岗位培训、专题培训等教育，既有理论学习又有实践观摩等。培养内容既有专业（专项）理论知识和实践操作技能，又有人文素养教育等。目前，国内教练员培养主要从专业（专项）和思想道德素质进行教育培训，而教练员职业身份认同教育尚未引起足够重视。因此，教练员职业身份认同教育融入教学内容、课程教学、实践教学和师资队伍等人才培养整个过程中，具有重要价值。

（2）教练员实践共同体的参与

所谓“共同体”，是指社会中存在的、基于主观上和客观上的共同特征（这些共同特征包括种族、观念、地位、遭遇、任务、身份等）而组成的各种层次的团体、组织。共同体一般是组织成员在社会互动的基础上，具有一定的组织方式和社会规范，其成员之间具有共同的价值认同和生活方式、共同的利益和需求以及强烈的认同意识。国家体育系统主导成立的各种运动训练管理团队则是共同体的重要构成。

教练员尤其是年轻或新入职的教练员，积极参加教练员共同体有着重要意义。通过共同体的参与，教练员可以依靠共同体获得身份、地位和权利，也依靠共同体帮助其满足各种依靠自身无法满足的需求，如获得社会认同和归属感等。通过共同体参与，教练员职业身份认同经历了由个体身份向集体身份的转变和由单一身份向多元身份的转变。通过观察、模仿、参与共同体教练员实践活动，逐渐获得共同体成员资格以及身份、地位，是实现由新手身份向老手身份转变的一种途径。

（3）认同教育的保障

教练员职业身份认同教育离不开相关制度等保障，良好的保障才能使职业身份认同培育效果更有效、更稳定、更持久。教练员职业认同保障主要表现为组织制度、训练条件、薪酬福利、领导行为、教练员个人地位和组织文化等。其中，组织制度主要包括信息公开制度、竞聘晋升制度、考核评价制度、福利分配制度以及训练管理制度等，训练条件包括训练经费、训练设施、教练员队伍建设等；薪酬福利包括奖金、工资、休假等，领导行为包括领导管理水平、领导专业水平、领导人格魅力、领导与群众关系等，个人地位包括领导认可、队员信任、同事认同、职业社会地位等，组织文化包括组织的训练管理理念、组织人际关系、教练凝聚力等。作为体育俱乐部或运动队，要结合上述内容加强建设。

（四）教练员职业身份的自我认同

教练员职业身份仅仅依靠国家、社会、组织予以认同，尚不能达成相应的效果，教练员要对自身进行反思、认定和追寻，要有必要的、积极主动的自我认同。吉登斯认为，自我认同是“个体依据个人的经历所反思性地理解到的自我”。[①] 教练员的自我认同就是教练员不断反思自己的教练员职业，对教练员职业生活和发展等所进行的深层追问、理解和定位，并最终谋求自我价值在教练员职业中得以实现的过程。

① 安东尼·吉登斯．现代与自我认同 [M]. 北京：三联书店，1998.

1. 自我了解

自我了解就是对自我所处环境的适当评估，对所扮演角色的正确认知和对于理想与现实能力的掌握。教练员要结合自己的教练员职业进行反思，清楚自己的职业特点，明确自己的职业责任与义务等；教练员对自己的个性要有深刻的了解，对自己的特长与能力等进行深刻追问分析，剖析从事教练员职业所拥有的资本、教练技术等方面的优势与差距；教练员要知道自己“想做怎样的教练员，自己的教练员愿望和理想是什么”，自己对“教练员职业的道德观和价值观是什么”作出深刻拷问和总结。

2. 行动反思

反思是教练员的一种重要能力。反思是教练员对其训练管理行为和专业发展过程中一种内省式的自我研究。在教练员自我认同的建构中，教练员成为反思者的意义尤为显著。教练员个人是自我认同建构的主体，教练员自我认同的形成有赖于自主地反思自身，通过与自己对话，不断修正其信念、态度和假设，进而发展出新的认同。

二、教练员的职业文化认同

（一）教练员的教育与学习

文化认知是文化认同的前提和基础。教练员对体育文化的认同程度与其对文化知识的了解息息相关，而教育与学习是文化知识了解、掌握的重要途径，教育与学习也是促进教练员文化认同形成和发展的重要途径。通过教育，国家依据教育目标，对教练员思想的形成提供群体角色的规范；通过学习，从事教练员职业或共享教练员职业文化的个体按照体育文化的导向形成价值意识，真正转化为群体中的一员。教练员的体育文化认同教育，需要注意以下几个方面：

1. 要以中华民族的（体育）文化史实为核心

历史和文化是不可分离的，任何一个国家的历史都是以文化形态书写和传承的，中华民族的体育文化发展也不例外。中华民族在长期的发展中形成很多体育文化史实，成为中华民族的瑰宝和重要教育内容。在中华人民共和国成立后，全国体育工作者代表大会召开，呼吁建设一种新的体育形式，该形式应具有民族特色、科学性质和大众参与度。毛泽东同志提出的“发展体育运动，增强人民体质”的口号，为我国体育事业的发展奠定了重要的思想基础。接着，中华全国体育总会和中央人民政府体育运动委员会相继成立，大力加强了体育基础设施和队伍建设，体育运动得到广泛普及，体育水平得到显著提高，从此我国逐渐摆脱了旧中国体育的落后面貌。为了促进教练员对中华民族体育文化的认同，必须以中国体育史和运动项目史为基础，加强教练员对中华民族体育文化的认同教育。

2. 以中国当代（体育）文化教育为基点

任何一种文化都离不开历史的积淀，对文化的良性认同也离不开对当下文化的观照，因为“只有现实的、生动的当下实践，才是唯一的活水源头，才是历史与未来、本土与外来的交汇点”[①]。

教练员的体育文化认同教育，既要尊重中国体育历史，更要立足当下，只有实现对当代中国体育文化乃至更大范围文化的认同，才能生发出文化认同的强大精神动力。中华体育人在多年的体育实践中，总结出以为国争光、无私奉献、科学求实、遵纪守法、团结协作、顽强拼搏为主要内容的中华体育精神，这种精神已经成为我们全社会的共同精神财富。立足当下开展教练员的体育文化认同教育，就是紧密结合国内意识形态领域发展变化，要把社会主义核心价值观教育融入教练员教育中，或者将中华体育精神融入社会主义核心价值观教育中，用具有当代中国特色的价值观凝聚共识；要向教练员开展当代中国体育文化元素、体育文化形象、体育文化符号的宣传与教育，使教练员成为当代中国体育文化的传播者和实践者；深入挖掘反映中华体育精神的体育文化资源和先进典型，加强体育精神、体育文化的认同教育。

（二）教练员的文化实践

1. 关于文化实践

文化实践包括物质生产实践活动和非物质生产实践活动。文化产品的创造过程，是由参与文化生产的人通过特定的社会关系，创造出对自然、人类社会和人类思维等方面进行反映或体现的文化产物。从本质上讲，“文化”就是对物质生活方式的能动作用。葛兰西认为，文化实践作为一种“绝对创造性活动”，是与

① 沈壮海．文化软实力及其价值之轴 [M]. 北京：中华书局，2013.

人类历史上的现实和文化活动相互交织、相互促进的。文化实践具有主体性、历史性和实践性特征，文化实践是对物质生产领域内一切事物进行认识的能动形式。文化实践并非一种抽象的概念，实践是文化产生的基础，文化依附实践而发展，并将实践作为其重要表现形态。文化实践的三种基本样态，即文化生产、文化交往和文化消费，紧密联系着人类现实的历史活动。

2. 教练员文化实践的途径

（1）科研

教练员的科研活动不仅要以提高竞技能力或体育科技保障为目标，而且更要重视科研中的知识生产。毕竟教练员既是知识的需求主体，又是知识的生产主体。知识生产是教练员通过脑力劳动创造出新知识（包括知识形态的科学技术）的过程，知识生产是教练员文化实践的重要途径。教练员要重视科研活动，要将日常训练过程中的训练管理经验、心得进行高度提炼、凝练，并上升到理论高度；参加必要的科研团队，在团队中学习知识，更应将自己的经验知识与他人沟通交流，以供他人总结归纳；要在适时机会形成文字（文献）性材料，如文章、专著、教材等。

（2）教学训练

教学训练是教练员应用知识的具体实践过程，也是教练员知识生产的过程，更是教练员文化实践的一个重要过程。

（3）文化交流

文化交流是世界文化进步的一个重要条件，也是推动文化全球化和多样性的内在要求。教练员的体育文化交流主要有以学术活动为载体、以教练员专业培训为载体和以运动项目推广为载体三种形式。

三、教练员的职业情感认同

情感并不是随着人的自然成长而随意成熟起来的，它是在人们不断接受教育的过程中逐渐发展并走向成熟的。情感认同的产生要经过情感的唤醒、激发、实现、提升才能最终实现。情感的唤醒是情感认同的准备，激发是情感认同的动力，实现是情感认同的关键，提升是情感认同层次的推进。

（一）以需要的满足唤醒情感认同

要想唤醒人类情感，需要两个重要因素，即满足人的某种需要和对行为进行奖励和惩罚。需要的满足是人对事物产生情感的必要条件，如果人的需要得不到满足，情感则无从谈起。想要增进教练员的职业情感认同，就要满足教练员的需要，如经济地位、社会地位、职业地位以及社会声望等。

（二）通过典礼仪式或专项活动等促进情感认同的实现

兰德尔·柯林斯认为，仪式是人们各种行为姿势相对定型化的结果。仪式使符号化的道德规范可见、可感，使理论化的价值观具体化、形象化。仪式表达了某种情感，仪式可以产生情感共鸣和认同感。关于教练员的仪式有多种，如颁奖仪式、表彰仪式、就职仪式、聘任仪式、培训仪式等，相关组织机构要充分认识到各种仪式对教练员情感认同的作用，发挥仪式的作用，达到凝聚、激励等功能。专项（门）活动往往是为特定的目的而进行的（教育）活动。近年来，国家体育行政管理部门基于国内思想意识形态开展专项活动，如社会主义核心价值观教育等，发挥出了积极效果。

（三）以楷模引领情感认同的提升

楷模是汉语中的一个常用词，意为“榜样、模范、法式”。树立楷模是鼓励的一种有效方式，也是情感认同的提升方式。通过楷模可以引领教练员对职业情感认同的提升，国家体育行政管理部门等组织机构积极开展教练员评选等活动，不断促进教练员的职业情感认同。

第三节　教练员的国际理解教育

一、关于国际理解教育

1946 年，联合国教科文组织以实现人类和平为宗旨，在第一次大会，上提出“国际理解教育”的理念。“国际理解教育”指的是培养国民对其他民族和其他国家的文化的理解与尊重的教育，其主要目的是促进不同文化之间的相互理解，促进民主精神的发展，促进国际交流与团结合作，维护世界和平。但是，国际理解教育不是放弃本国本地区的文化，而是各国依然坚持本国的个性，互相尊重这种个性，站在全人类、全球的立场，以全人类的和平和全球的生命为目标，在所有领域作为地球村的一员能够相互贡献、尽到本国责任的国民教育。国际理解要“在纷繁复杂的世界局势中维系自己稳定的价值体系，培养对自身文化传统的认同和对世界文化的包容态度”①。

国际理解教育推动每一个人通过进一步理解这个世界而认识自己、理解他人，把实际上的相互依赖转化为自觉的团结与互助。国际理解教育应包括弘扬民族精神和了解并尊重多元文化、胸怀全球视野和眼光、了解世界各国之间相互依赖的关系和遵循国际基本法则。

就体育而言，现代奥运会的奠基人皮埃尔·德·顾拜旦十分重视奥林匹克运动国际理解教育问题，他所倡导和坚持的奥林匹克运动普遍性，不仅意味着全世界各国各地区都要最大规模地参加奥运会，更意味着要包容和尊重各种文化，要主动吸收各种文化中的精华。奥林匹克运动是一项教育运动。它的特征一方面是普适性与全球性的，因为它所要传播的奥林匹克理念有着跨越国家、宗教、种族、性别等所有社会障碍的普遍价值，教育活动涵盖了全世界所有国家；另一方面又是民族性、本土性的，这是因为其教育对象有着不同的民族文化差异，实施教育的特定环境也有着国家与民族的社会差异。奥林匹克教育计划的成功，不仅要求结合普适的奥林匹克教育价值和本土的社会背景，还要求借鉴其他优秀国家的奥林匹克教育经验。

基于奥林匹克的国际理解教育，对国家、组织和个体等不同层面的推动或实践都具有一定的现实意义。从教练员角度讲，开展国际理解教育，能够让教练员充分了解、践行奥林匹克主义、宗旨、精神、权利、格言等所构成的奥林匹克思想价值；能够使教练员具备更开放、平等、宽容、尊重的国际视野；能够让教练员理性地认识和认同各国文化，并能使教练员更深入地理解本民族、本国的文化；能够让教练员将奥林匹克思想价值与本土的社会背景相结合，在追求理解与被理解的过程中更好地与来自不同文化的人共存、共生；能够让教练员积极践行“增强体质、意志和精神并使之全面均衡发展”，“谋求体育运动与文化和教育的融合，

---

① 姜英敏．国际理解教育≠对外国、外国文化的了解 [J]. 人民教育，2016（21）：62-65.

创造一种以奋斗为乐，发挥良好榜样的教育作用并尊重基本公德原则为基础的生活方式”的奥林匹克主义；能够传播和实践“相互理解、友谊、团结和公平竞争”的奥林匹克精神，实现奥林匹克宗旨，使体育为人的和谐发展服务，以促进建立一个维护人的尊严的和平社会。

二、教练员国际理解教育的内容

国内学界对“国际理解教育”的目标分类大多采用了认知、态度、能力的三维目标框架，然后对每一目标中具体的内容领域作出界定。教育目标规范着教育内容，国际理解教育的内容应该包括以下三个方面：

（一）知识

1. 奥林匹克思想体系

增强对奥林匹克运动的认识，掌握奥林匹克运动基本走向。全面把握奥林匹克主义内涵，即以人类和谐发展为中心思想，奥林匹克主义强调，人类和谐发展，关键在于改进生活方式。此外，奥林匹克主义认为，体育运动是人类和谐发展之路，为了实现人的和谐发展，需要将体育运动与教育和文化有机结合起来。奥林匹克主义突出奥运选手榜样作用。

把握奥林匹克精神内涵并以奥林匹克精神为中心进行国际理解教育。明确奥林匹克运动宗旨，即奥林匹克运动旨在推动人类社会朝着真、善、美的方向前进，奥林匹克运动力求用充满人文精神的体育运动为手段来达到其宗旨，并在全世界青年之间建立友谊的桥梁。理解奥林匹克运动“更快、更高、更强”内涵，即在竞技运动中不惧强手、勇于拼搏、勇于胜利，鼓励人们不应满足于自己在生活与工作上的庸碌，必须朝气蓬勃、始终积极进取、不断超越、最大限度地挖掘自身潜力等。

2. 中国体育核心价值

体育既是身体的锻炼，也是教育的手段、生活的方式、精神的载体和财富的基石，它对构建民主法制、公平正义、诚信友爱、充满活力、安定有序、人类与自然和谐共存的社会，有着独特的存在价值和发挥着重要功能。掌握中华体育精神及其价值；重视中国体育文化尤其是所从事运动项目文化的了解与掌握；清晰当下中国体育文化对于个体生存空间、生命质量、生活方式的独特价值，在社会层面上对社群稳定、社区和谐、社会活力的积极价值，对于国民利益、国家实力、国际形象的表征价值。

（二）态度

国际理解教育需要培养教练员对于世界、国家、组织、个体等的责任担当。培养教练员对世界各国文化差异的容忍和理解。要相互理解、友好、团结，要形成一种精神氛围，以世界公民的博大胸怀去认识和理解自己国家、民族以外的事物，做到自己理解他人，自己能够被他人所了解，最终实现人与人之间的相互理解。学会尊敬其他国家民族，以比较客观公正的态度去看待别人和自己，虚心地吸取其他文化的优秀成分，不断丰富自己，从而使奥林匹克运动所提倡的国际交流真正得以实现。要保证竞技运动的公平与公正，通过公平公正的竞技运动达到教育、享受娱乐。

（三）能力

应该加强教练员的跨文化交往能力，使教练员具备基本的参与国际体育事务的能力；加强教练员国家、组织、项目内的合作能力的培养；提高教练员的批判能力，学会对多元文化进行理性的判断，去其糟粕，取其精华；等等。

三、教练员国际理解教育的途径

（一）积极参加国际组织开展的相关活动

国际理解教育自产生以来，就在国际组织提倡和促进下不断地发展和完善，体育领域中的国家理解教育亦不例外。面对全球化更复杂的趋势，联合国教科文组织仍然会在国际理解教育对不同文化共存共荣的背景下为国际理解教育发展作出巨大贡献，国际理解教育概念将继续发展，并积极指导国家制定国际理解教育政策和制度，着力实施国际理解教育行动计划，支持、协助国家进行国际理解教育实践。

国际奥委会为真正把国际理解教育付诸实践也进行了不懈的努力。奥林匹克青年营是国际理解教育中最具代表性的活动之一，旨在为全世界青年人营造一种独特的奥运体验和和谐的环境氛围，宣传奥林匹克精神以消除种族与宗教差异，使青年人感受到创新精神和团队精神，以及崇尚体育和公平竞赛等奥林匹克理念，增进各国青年间的沟通与友谊，展现主办国、主办城市历史文化、风土人情。其他的非政府（体育）组织也积极推进国际理解教育，例如英国文化教育协会、英格兰足球超级联赛和中国大学生体育协会、中国中学生体育协会（CSSF）联合举办“学转英超”校园足球教练员培训等。

（二）将国际理解融入教练员的教育培训

教练员的教育培训是国内教练员常规教育的重要途径，把国际理解教育融入教育培训中有其必要性。课程中可设置国际理解教育专项课程，可涉及世界历史、国际政治和世界文化等方面的内容，并通过设置专项课程来帮助教练员深入掌握国际理解知识，进而促进其国际理解能力的提高。也可将国际理解教育贯穿于课程教学之中，培训讲师要充分发掘课程中国际理解教育要素，并将有关知识融入课程教学之中。

（三）重视教练员国际理解教育实践

理论结合实践更能发挥国际理解教育的效果。实践形式主要包括跨国文化交流活动、教练员国外研修等。作为国家体育行政部门要拓展国际理解教育的理论、项目、人才等国际交流渠道，搭建教练员教育培训的国际交流平台，加强国际间的互动交流。

（四）注重国际理解教育中的中国文化传播

国际理解教育是理解与被理解的统一，是一个双向互动、传输的过程。重视教练员的国际理解教育基本要求是教练员要积极学习、了解国外文化，更重要的是在国际理解教育中加强中国文化的传播。越是民族的东西就越具有世界意义，因为自身文化有别于其他文化的特点和个性，才是文化间交流的前提和基础。在国际理解教育活动、国际体育交往中，要传播和推广中国体育发展历程中的中国理念、中国故事、中国人物、中国标准、中国产品，发出中国声音，提升国际影响力，提升国家形象。

（五）积极借助运动项目学院平台

近年来，我国各高校相继建立了诸如中国乒乓球学院（上海体育学院）、中国网球学院（南京体育学院）、中国篮球（排球）学院（北京体育大学）、国际足球学院（同济大学、河南大学）、国家足球（篮球）学院（山东体育学院）等运动项目学院。这些学院在创办时就已明确其职能、目标等，新型运动项目学院将融合理论研究、竞技和文化于一体，肩负着普及运动项目和传播中国文化的重任。

就中国乒乓球学院而言，它发挥着高等教育教学、高水平运动员培养、国内和国际培训、科学研究以及国际交流和文化传播的功能，注重培养具有国际视野、卓越才能和创新精神的乒乓界精英，并逐步完成“三大目标”，即成为海内外运动员、教练员、裁判员、乒乓球运动管理人员培训基地；成为乒乓球文化宣传、文化交流基地；成为国内“体教结合”示范基地。中国乒乓球学院采取积极开展海外训练营、举办国际培训、承办国际赛事和搭建跨地区合作互动交流平台等，积极发挥其职能作用。

如今，运动项目学院的办学思路、职能以及具体的业务活动已经成为国家理解教育的重要途径。因此，教练员的国际理解教育可以放置于各运动项目学院发展中，不仅要充分发挥或借助运动项目学院这一平台，而且更要凸显这一方面的职能，或用“国际理解”理念引导其发展。

第九章　教练员职业素养

教练员是复杂运动训练系统工程的主导者，国内外体育界人士普遍认为教练员就是优秀运动员的“设计师”、世界冠军的“雕塑家”。教练员是否拥有良好的职业素养，很大程度上影响教练员自身的执教过程质量。本章主要论述教练员的职业素养，介绍了教练员职业素养的构成和教练员执教风格与特点。

第一节　教练员职业素养的构成

如果对运动训练过程进行分析，教练员的思想道德素质、文化素质、业务素质、身体心理素质，是构成教练员职业素养的主要内容。其中，教练员思想道德素质在教练员职业素养中占据根本地位，文化素养起到基础性作用，业务素质发挥着关键性的作用，身心素质成为教练员职业素养的保障。

一、思想道德素质

一般而言，培养竞技体育人才要符合规律性和周期性特征，不能将竞技体育人才培养过程简单化。教练的工作是很辛苦、很繁重的，每天都要带着运动员训练，有时还会舍弃部分节假日休息时间，甚至在带队训练过程中经常会遭遇挫折。如果运动员在比赛前受伤，那么运动员和教练员在之前的努力都有可能化为乌有。无法获得良好的比赛成绩，教练员就很难取得工作业绩。从这个意义上讲，教练员要具备为祖国体育事业而奉献的精神，要具备将国家利益、运动员权利与需求凌驾于个人利益之上的思想道德品质，要能够正确认识和了解党和国家体育方针政策，要清楚社会主义市场经济中竞技体育的作用，要有坚定的政治信仰和热爱祖国、热爱人民、热爱教练工作的优良道德品质，要终生为社会主义体育事业而努力工作。具体内容包括：忠，即在任何场合环境下，都要坚定不移地维护国家形象和利益；诚，即以实事求是的态度对待身边人；信，即对工作职业抱有充足的把握；礼，即以谦卑礼貌的品格对待同事、运动员，遵守教练员工作职业规范条约；义，即义无反顾地投身于教练员事业；廉，即以最高标准要求自己，做到为人师表；耻，即对怀有松懈散漫态度而感到惭愧。

二、文化素质

教练员的文化修养和知识容量、结构、体系，是教练员文化素质的重要组成部分。良好的思想道德素质和业务素质的形成，离不开教练员广博的文化底蕴，这种底蕴不仅有助于教练员开阔视野、活跃思维、升华人格、陶冶精神，更是一个人文化涵养的重要体现。同时，又对提高我国教练员队伍整体水平有积极作用。教练员的文化修养高低，直接影响着他们是否能够培养出具备高智能和卓越水平的运动员。

三、业务素质

训练活动本质上是教练员对运动员进行长期的生物学、心理学和社会学改造的过程，教练员的劳动是一种高度复杂的创造性劳动，需要综合运用脑力、体能和技能。这就要求教练员不仅要具备良好的身体素质和科学的训练方法，而且还要有一定的文化知识水平和组织管理才能，并能不断提高业务水平。

需要指出的是，训练是一种将科学与艺术完美融合的过程。运动训练是一门科学，它遵循一定的规律要求，运用科学的理论、方法和工具进行训练。因此，训练中必须遵循一定的原则、步骤及程序，才能取得最佳效果。运动训练的艺术性体现在对运动训练和比赛的实践性和创造性的深刻理解与应用上。高水平的运动训练需要教练员在特定的环境和条件下，以创造性的方式运用运动训练理论，精准地掌握训练方法，从而有效地激发运动员的训练热情，帮助运动员调整周期安排，优化运动队内、队际关系等，这些训练艺术不仅是高水平教练员应该努力掌握的技能，也是教练员业务素质的重要组成部分。

四、身心素质

运动训练是一个漫长而不断变化的过程，在这一过程中，教练员常常会遭遇挫折、困难、挑战和压力，运动员也有可能在训练中表现出心理障碍或情绪不稳定等现象。运动训练是一项富有挑战性和创造性的活动，教练员常常在训练场和竞赛场遭遇各种突发和意外事件，这些事件对教练员的心理和行为产生着深远的影响。因此，在运动员参加比赛或进行其他运动训练时，教练员必须具备良好的心理素质，这是教练员成功的关键所在。如何使自己（教练员）具备优秀的身心素质，具体可以参考以下几点要求：第一，要做到拥有健康的体魄，保证以十足的精力投入工作；第二，要形成敏锐的观察力和判断力，善于发现问题、思考问题；第三，要拓宽想象思维和逻辑思维，沉着冷静、客观理智地分析问题、解决问题，不受外在环境因素和内在情绪因素干扰；第四，要培养自身的意志力和坚持不懈的精神，敢于面对各种困难和险阻，保持十足的信心和把握。

第二节　教练员执教风格与特点

执教风格指的是教练员面对执教对象时所呈现出的特点，包括如何处理执教关系并以何种方式实现执教目标。如表 8-2-1 所示，这是常见的 3 种教练员执教风格与特点。

表 8-2-1　教练员的执教风格与特点

	执教风格		
类型	命令式—家长型	合作式—民主型	放任式—随意型
理念	以取胜为中心	以运动员为中心	一切都无所谓
目标	完成任务	提高运动员社交本领并完成任务	无既定目标
决策	一切决定由教练员做	在教练员指导下和运动员参与下做	由运动员做
和运动员关系	从属于教练员	独立于教练员	不明确
沟通方式	做指示	询问、听意见、做指示	只听不说
如何评价成败	由教练员评价	在教练员帮助下由运动员自我评价	不明确

续表

	执教风格		
运动员的发展	对运动员不太信任	教练员对运动员表示信任	不明确
鼓励作用	非本质的鼓励	本质和实实在在的鼓励	不予鼓励
训练组织	呆板的	灵活的	没有组织

如表 8-2-1 所示，不同类型执教风格的教练员在理念、目标、决策、教练员和运动员的关系、交流风格、成败评价、运动员发展、教练员鼓励作用、训练组织等方面的处理是不同的。这就像握着一块湿肥皂，如果抓得太紧，它会从你手中挤出（命令式，好比是暴风骤雨型）；如果抓得不够紧，它就会滑脱（放任式，和风细雨型）；抓好它需要的是稳固而柔和的压力（合作式，春风化雨型）。

一、命令式

命令式风格可视为“暴风骤雨”型。这种风格的教练员在执教中以取胜为中心，以完成任务为目标，自己作出所有的决策、指示、评价。运动员的角色是对教练员的命令作出反应，从属于教练员。沟通方式是教练员做指示，容易附带威胁性的身体语言，命令运动员做任何事情。他们只顾自己说，几乎不听他人说，常常打断他人的话、冲他人大吼。

事实上，好的运动队需要强有力的组织管理，民主参与不可能高效运转，运动队不可能投票决定需要制定的每个决策。因此，只要获胜是教练员的主要目标，是运动员的主要动机，那么命令式风格会很有效。但随着运动员的成长，运动员越来越多地要求参与决策，要求与教练员共同讨论问题，不再只是单纯地比赛，而需要享受体育。命令式风格的执教可能压制运动员的动机，阻碍运动员的成长，降低了与运动员发展有关的运动员的自我满足，难以使运动员产生最佳表现，最终将疏远极富天赋的运动员。

二、放任式

放任式风格可视为“和风细雨”型。采用这种风格的教练员，对一切都无所谓，他们宁愿制定尽可能少的决策，很少提供指导，只在绝对必要时才解决训练问题。与人沟通时，很少表达自己的观点，倾向于发表同意的意见。他们遇事不果断，说话软弱无力，常会使用一些“诸如也许、可能、但愿”等之类的词，缺乏判断和决定。采用这种风格的教练员往往缺乏提供指导的能力；或是过于懒惰，不能满足执教责任的要求；又或是没有树立正确的执教理念。采用这种风格执教的教练员，不具备真正的执教能力，实际上无疑是丢弃了作为一名教练员的职责。

三、合作式

合作式风格可视为“春风化雨”型。这种风格的教练员，以运动员为中心，以提高运动员社交本领并完成任务为目标，包括通过体育运动帮助运动员身体、心理和社会性的成长，帮助运动员学习决策，帮助运动员变得独立。他们善于倾听，设法理解他人的想法，提倡双向沟通；他们在运动员参与下作出决定，与运动员共同决策，对运动员进行实实在在的鼓励；他们提供框架与规范，帮助运动员学习设定自己的目标，并为这些目标而努力奋斗。运动员独立于教练员，在教练员的帮助下对训练比赛成效进行自我评价。

众所周知，作为运动员只具备运动技能是远远不够的，要取得优异运动成绩，还必须能够处理压力，迅速适应变化的情境，以长远观点看待比赛，展示纪律、保持专注，具有牺牲精神、奉献精神。而合作式教练，由于信任运动员，增强了与运动员的沟通和激励，对运动员自我意识的形成、自我满足的实现具有积极效应，在日常训练中无形地帮助运动员培养了这些品质。

合作式风格的挑战在于，在指导运动员和让运动员自己指导自己之间，如何取得恰当的平衡？在什么时候发出命令和给予指导？又在什么时候让运动员自己作出决策和承担责任？需要多少规范才能为运动员创造最佳的发展氛围？由于选择很少会绝对正确或错误，因此这种风格要求教练员具有更多的技巧。

参考文献

[1] 王皋华 . 高校体育教练员基本教学训练技能岗位培训 [M]. 北京：北京理工大学出版社，2009.

[2] 李林 . 专业体育教练员绩效评估体系研究 [M]. 成都：电子科技大学出版社，2011.

[3] 种莉莉 . 中国竞技体育教练员管理体系研究 [M]. 山东大学出版社，2019.

[4] 德拉威尔，甘地 . 力量与搏击训练适用于教练员、运动员以及其他从事体育及健康工作的专业人士 [M]. 济南：山东科学技术出版社，2014.

[5] 苏杨 . 体育统计分析实务 [M]. 南京：东南大学出版社，2019.

[6] 上海市青少年训练管理中心，上海市青少年体育协会 . 青少年体育教练员教程 [M]. 北京：北京体育大学出版社，2018.

[7] 刘兵 . 教练之道 [M]. 上海：上海人民出版社，2017.

[8] 人力资源和社会保障部教材办公室组织 . 社会体育指导员体能教练员四级 [M]. 北京：中国劳动社会保障出版社，2015.

[9] 周西宽，吴亚初，丁英俊，等 . 教练员学 [M]. 成都：四川教育出版社，1993.

[10] 朱佩兰，钟秉枢 . 教练员——中国体育腾飞的关键 2001 年国家级教练研讨班专家报告和优秀论文集 [M]. 北京：北京体育大学出版社，2002.

[11] 程传银 . 我国体育教练员教育现状与发展路径 [J]. 中国体育教练员，2022，30（4）：4–6.

[12] 张瑞林 . 我国竞技体育教练员队伍建设影响因素及对策 [J]. 中国体育教练员，2022，30（3）：4–7.

[13] 柳鸣毅 . 体育教练员职业发展的国际经验与中国方案 [J]. 中国体育教练员，2022，30（3）：8–11.

[14] 柳鸣毅 . 体育教练学的理论框架与实践应用 [J]. 中国体育教练员，2022，30（2）：7–11.

[15] 赵师栓，史兵，任艳青 . 体育运动学校复合型教练员团队组建 [J]. 当代体育科技，2022，12（16）：67–70.

[16] 姚玲利 . 设立专兼职体育教练员岗位 [N]. 湖州日报，2022–04–04（A02）.

[17] 钟秉枢 . 新发展阶段我国体育教练员面临的挑战 [J]. 中国体育教练员，2022，30（1）：4–6.

[18] 杨斌 . 论竞技体育教练员的职业素质 [J]. 文体用品与科技，2022（03）：138–140.

[19] 王振，刘鎏 . 我国专业体育教练员绩效评估体系权重的研究 [J]. 体育科学研究，2020，24（3）：32–39.

[20] 刘璐，金羽西，王宗 . 竞技体育教练员执教效能感及影响因素分析 [J]. 青少年体育，2019（11）：70–71，125.

[21] 王瀚宇 . 美国体育教练员专业化发展基本特征与启示 [D]. 福州：福建师范大学，2020.

[22] 闫亚茹 . 我国教练员执教知识体系及执教能力研究 [D]. 武汉：武汉体育学院，2019.

[23] 李雪 . 国家体育总局教练员出国培训课程的研究 [D]. 北京：北京体育大学，2018.

[24] 耿牧童 . 山东省体育传统项目学校排球教练员执教能评价体系构建 [D]. 广州：华南理工大学，2019.

[25] 吴阳 . 中国网球教练员执教能力及影响因素研究 [D]. 上海：上海体育学院，2017.

[26] 徐磊 . 竞技体育教练员工作压力的构成及其与工作倦怠的关系 [D]. 北京：北京体育大学，2017.

[27] 袁一鸣 . 北京市滑雪场滑雪教练员素质研究 [D]. 北京：北京体育大学，2017.

[28] 蔡颖敏 . 我国跳绳教练员培训体系现状与对策研究 [D]. 成都：成都体育学院，2015.

[29] 王家力 . 我国教练员教育的发展与改革对策研究 [D]. 武汉：华中师范大学，2015.

[30] 包文杰 . 内蒙古自治区竞技体育教练员现状调查研究 [D]. 呼和浩特：内蒙古师范大学，2014.